NEW
CLASSIC
LIBRARY

韓国とメディアは恥ずかしげもなく嘘をつく

高山正之
Masayuki Takayama

徳間書店

解説

元駐ウクライナ大使
馬渕睦夫

髙山正之氏の名著『韓国とメディアは恥ずかしげもなく嘘をつく』は2019年6月30日に発売された。この度、文庫本化されるに際し、解説文を書く栄誉に恵まれた。文庫化するということは、本書が古典に分類されたということを意味する。

古典ということは古い本ということでは決してない。常に新しいということを意味する。常に新しいから古典なのである。私たちは先ず、古典の定義を改める必要がある。古典とは決して古くならない日本文壇の至宝という意味である。

現場主義の権化

髙山氏は現場主義を貫いたジャーナリストである。その意味で、他の追随を許さない強みがある。他の取材をなぞることはしない。自らの目で確認するまでは、文章にしない。この厳正な姿勢を貫くからこそ、いかなる批判に対しても動じることがないのである。従って、氏が最も嫌うのが嘘である。嘘は常に魔力と共存している。一般受けを狙って特ダネを装っても、すぐばれてしまうのである。現場に赴けば、嘘はばれる。どの分野でも通用するわかりやすい真実である。記事は、たとえ嘘であっても複雑なのが良いとする間違ったジャーナリズムのやり方を徹頭徹尾排除する。報道は人気取りではありえない。報道はすべからく真実をあぶりだすものでなければならない。髙山氏の真骨頂はこの点に集約される。

真実を追求してやまない彼のやり玉に挙がったのが、朝日新聞である。恥ずかしげもなく嘘をつく筆頭は、朝日新聞である。朝日新聞は自らが正義を体現していると自称するから、質《たち》が悪い。自らが善意の塊であると自惚《うぬぼ》れているから、救いようがない。このような朝日新聞が嘘を百回たれ流せば、真実をばらまいているように受け取られてしまうことになる。

敗戦後、いわゆる戦後利得者のオピニオンリーダーとして朝日新聞に匹敵するメディアは存在しない。戦後利得者はＧＨＱワイマール憲法の守護神である。戦後民主主義という亡霊の擁護者である。外国のエピゴーネンとなり下がった朝日新聞は、取材せずとも記事が書けるようになった。何故なら、自らがメディアだからである。そこのけそこのけメディア様が通るのである。恥ずかしいという概念さえあれば、悪魔を正義とするような嘘をつくことには、躊躇《ためら》いがあるはずである。それに欠ける朝日新聞は、正邪が逆転しているのである。

慰安婦報道をめぐる朝日の誤った姿勢は、社長の首が飛んだ事件であったが、朝日はそれでも社是を改めない。この態度は韓国の対日姿勢に如実に表れている。かつて朴槿恵《パククネ》大統領は日本に対する恨みは１０００年たっても消えることがないと言い放った。しかし、考えてみれば、韓国は国家として自信を取り戻すのに１０００年かかると言っているのである。また、１０００年間は日本から精神的に独立することができないと空を見上げて嘆息しているように見える。朝日が韓国を題材にして、嘘八百を並べとおすことができるのも、韓国が日本から乳離れしていないからである。

日本の言論界における朝日新聞という独裁者に、無批判的に追従してきた戦後利得者の共犯者たちは、何かにつけ自分たちの前に立ちはだかる愛国者たちを毛嫌いしてきた。それ故、リベラルという鵺《ぬえ》的なマイナスのエネルギーで国内を満たしてしまったが、居心地は悪くなかったのである。髙山氏によれば、真のジャーナリストは居心地の良さを求めはしない。むしろ、居心地の悪さの中に真実を見出そうと努める。このような地道な努力の結果、嘘を見抜く魂が磨かれるのである。

私たち一人一人は、本来かけがえのない個性を有しているはずである。その個性が輝くときに、世の中の真実が姿を現す。髙山氏は筆の力を武器に、魂の共鳴を求めて駆け巡る。私は髙山氏とは別の魂の持ち主であるが、魂の輝きを生きがいとする点において、髙山氏と人生観を共有する。

ユン大統領弾劾騒動

厄介な隣人韓国を理解することは難しいと考えられている。髙山氏によれば、そう仕向けたのは朝日新聞である。いわゆるブーメラン効果である。韓国で現在進行中の戒厳令騒動も、本書を読めば納得がゆく。メディアは韓国で天地がひっくり返ったような騒ぎ方をしているが、一歩下がって冷静に観察すれば、毎度の韓国病であることがわかる。髙山氏は韓国病を的確に指摘する。時には厳しい筆使いになるが、不思議に過激な印象を受けない。何故なら、髙山氏には綿密な取材に基づく自信があるからである。髙山氏はかかる自信を誇示はしない。読者に判断を任せる。読者の判断が髙山氏を批判する内容であっても、動じることはない。奥底に、揺らぎない自信があるからである。他人に不寛容な朝日新聞は、要するに自らに自信がないのである。だから、絶えず誰かを批判していないと存在意義を持てないという悪循環に陥ってしまっている。

ユン大統領はなぜ今回のような戒厳令を敷いたのか。その数時間後には戒厳令を取り下げるという腰の据わらない対処をしたのか。韓国に民主主義がないからだという批判は、単純すぎる。民主主義には定義がないので、この視点からの解説は当を得ていない。ユン大統領は今弾《だん》劾《がい》されるか否かの瀬戸際にある。現状を的確に理解する鍵は、歴史である。韓国の歴史が回答を与えてくれる。歴史に基づく取材に長《た》けている髙山氏は、今日の韓国の騒動に驚いてはいない。驚くという感情的心理は、取材力を曇らせる。

2024年の回顧

2024年は世界の激変を感じた年であった。トランプ大統領の当選は世界の権力構造が確実に変化したことを示す出来事だった。トランプ当選はアメリカ国民の民意の結果であるが、この事実にケチをつけたのが日本の既存メディア、とりわけ朝日新聞である。「自国第一の拡散に歯止めを」とのタイトルの下、トランプ氏は格差や移民をめぐる憎悪を煽り、政敵を排除する訴えを続けた、今回の結果はこうした分断政治の威力を見せつけたと論じた。トランプ氏が大統領として不適格者であるにもかかわらず、勝利したことが悔しいと論じつつ、トランプ氏は国民の融和を考えるべきだとの例のごとき朝日の神託を述べ連ねて、勝利の幻想に浸っていたのである。

まさしく失笑を禁じることができないお粗末な内容である。朝日はトランプ大統領の勝利宣言を読まずに社説を書いたとしか思えない。トランプ氏は勝利宣言の中で、開口一番国家と国民の癒しの時が来た、アメリカ国家国民の癒しのために努力すると二度も繰り返して宣言しているにもかかわらず、朝日はこの最も重要な箇所を無視した。バイデンもカマラ・ハリスもトランプの当選を祝福した。結局朝日新聞は、バイデンやカマラ・ハリスの祝福に異議を唱えたことになる。世界は癒しに向けて走り出したにもかかわらず、逆に朝日は世界の対立を煽る社是を明らかにしたのだ。やがて訪れることになるであろう、朝日が世界の嫌われ者になる時が目に見えそうだ。

まえがき

ボーっとしていたのは日本ではなく、支那朝鮮のほうだ

子供のころ、縄文時代はすごく原始的で縄文人は海辺で貝を拾《ひろ》い、山でブナのどんぐりを拾って食っていた、定住もしていなかった風に習った。

小学校の遠足で海辺に行ったとき先生が岩場にびっしりついていた小さな貝を摘《つ》まんで「縄文時代はこれを食っていた」と言った。

名は玉黍貝《たまきびがい》。サザエをうんと小さくした姿をしていた。

少し大人になって海に潜りサザエやトコブシを採ったついでにタマキビガイも拾って茹《ゆ》でてみた。爪楊枝で身を出して食べてみたら結構いい味をしていた。

それにしても何で縄文人はサザエでなくて玉黍貝だったのか。そんな愚鈍だったのか。それも不思議なら、その時代に火焔土器も作っていた。均整の取れた斬新で奔放な作風はずっと後世の歪んで縮こまった朝鮮陶器より遥かに清々《すがすが》しい。玉黍貝と火焔土器と。その同居がずっと理解できなかった。

そんな貧相な縄文時代が今から2000年前に俄《にわ》かに終わったと教科書は言う。渡来人が稲作と金属器文化を持ち込んできて弥生時代が始まったと。では縄文人はどこにいったのかと聞いても教科書は答えない。縄文系は少し残った。耳クソがねちねちしたのが縄文系で、渡来系は乾燥した耳クソだと誰かが言った。

日本の先住民、縄文人は欧州のネアンデルタール人や米大陸のインディアンみたいに大方が渡来人に殺されたようだが、そういう殺伐もまたぴんとこなかった。

しかし弥生人はそれから500年間、田んぼ仕事が忙しかったか何も記録がない。応神天皇のころ、朝鮮から千字文がきて、その100年後の538年、百済の聖明王が欽明天皇に仏教の経典を伝えた。「ゴミヤ（538）が拾った仏様」なんてゴロ合わせもあった。

日本はここからやっと一人前の国になっていったというが、朝鮮半島経由の渡来人と文化が日本人の始祖風に言う。現に司馬遼太郎も『韓《から》のくに紀行』に「朝鮮は日本より古くから堂々の文明と独立国家を営んだ歴史を持つ」と言い、「日朝は同祖」とも言う。

はっきり言ってピンとこない。同祖なのに言葉が全然違う。共通の名詞もない。土方も沢庵も日帝支配で教えてやった言葉だ。それに民度も心根も違う。

例えば紀元1世紀、「漢委奴国王印」が届く。日本人と漢字の出会いだ。同じ時期、ベトナムや朝鮮も漢字に出会ってのめり込んでいった。朝鮮人は自国語の半分を捨てて漢字言葉に走った。

でも日本では何も起きなかった。「日本人はただの模様だと思った」と馬鹿な学者は言う。それから千字文が伝わってくるまで日本人はただボーとしていたのだと。

同じ日本人にザビエルは聞き齧《かじ》りのコペルニクスの地動説を話した。そしたら「日本人はイエスはそっちのけ、目の色を変えて星と太陽の話をせがんだ」とマカオに手紙を出している。

幕末。英フェートン号が長崎港で狼藉を働くと、日本人はすぐ英和辞典「諳厄利亜語林大成」を作った。「敵を知るために彼らは勉強した」とオランダ人が記録する。

明治維新のお雇い外国人も日本人の好奇心と行動力に驚く。エドモンド・モレルが鉄道の仕組みを教えて僅《わず》か2年後に日本人は汐留から横浜まで汽車を走らせた。ボーっとした日本人などどこにもいない。

むしろ欧鯨米虎を前にボーっとしていたのは渡来人の故郷、支那朝鮮のほうだ。言い換えればボーっとするような渡来人は日本に渡来していないと解釈したほうがいい。

では「漢委奴国王印」のときにボーっとしたのはなぜか。西尾幹二は『国民の歴史』で日本人は確かに漢字を見て驚き、魅入られたが、それに嵌《はま》ると日本人のしなやかな情感を表現することを諦めねばならないことを見抜いた。そして500年。「日本人は万葉仮名を発明して日本語を殺さず漢字を使う術を見つけた」と説明する。

大陸や半島から孤立した日本独自の世界があった

渡来人など来なかったことを示す証拠も出始めた。青森の三内丸山《さんないまるやま》遺跡など新たな縄文遺跡の発見だった。放射性炭素測定でそれはどの人類文化史より古い1万5000年前、日本列島ではすでに人々が集落を営み、栽培し、土器で煮炊きしていた。集落には共同作業場もあった。物流もあった。北海道の黒曜石《こくようせき》や糸魚川の翡翠《ひすい》がここで見つかっている。

もっと驚くべきは九州で７０００年前の縄文遺跡からは稲作の跡も見つかった。渡来人が来ないでも弥生文化は生まれていた。

この新しい縄文文化の発見で日本人の形も見えてきた。日本人は孤立した世界にいた。その世界は豊かだが同時に地震噴火洪水など際限ない災厄を包含し、人々は災害に見舞われれば助け合い、実りがあれば分かち合って長い時間を暮らしてきた。人々は多くを語らないでも相手の思いが分かる世界に二つとない言語世界を生み出した。

支那人が喉から口までラッパ状にして己の意見を主張する。朝鮮人は相手を言い負かすために喧嘩腰の喋り方をする。日本人がそれらとまったく違う話し方をするのはまさにそうした背景があるからだ。

縄文文化は司馬遼太郎の言う「文化は朝鮮半島を経由してきた」説も物証が否定する。縄文期の稲作もそうだし、古墳時代の前方後円墳もそうだ。文化は水と同じに低きに流れる。文化のない半島に日本から文化が伝えられたいい証拠だ。朝鮮側もそれが分かっているからあっちにある前方後円墳を首のところで切り離し「朝鮮独自の円墳と方墳スミダ」と言い訳する。

その辺は記紀に書かれている。百済や新羅の王には日本人がなっていた。あちらの民度が嫌になって素戔嗚尊《すさのおのみこと》以下、みな引き揚げてきた。

それでも渡来人説は消えないが、長浜浩明『日本の誕生』（ワック）が最近の遺伝子論で説明している。要約すれば女性のミトコンドリアと違って男性のY染色体は各民族で明瞭に違う。「日本人のY染色体は朝鮮人とも支那人とも共通性をもたない」「沖縄人は日本人と同じだがアイヌは全く違う」「アイヌは12世紀に渡来した」という。

日本人は大陸と血縁関係もないと分かって多くの人はほっとしたと思う。

何でそう感じるか。国際化が進み、最近は日本人の感性や意識にまで外国人、とりわけ支那、朝鮮人が土足でずかずか入り込む。日本人は女性蔑視だとか残忍だとか、理解を超えた中傷をする。とくに先の戦争について受け入れがたい非難中傷を浴びせる。

「それは違う」と日本人の感性が思っても、中には司馬遼太郎みたいな日本人もいる。支那朝鮮人と組んで日本を蔑《さげす》んで喜ぶ。朝日新聞もそうだ。

本書は雑誌『正論』の巻頭の最後の連載をまとめたものだ。米国のこと、中東のこと、支那朝鮮のことから国内事件に至るまでテーマにしてきたが、その基本は「日本人の感性がヘンだと思ったもの」の掘り下げに置いた。

それは縄文の誤解と同じに、ヘンだと思ったことはヘンだった。日本人の感性が思った以上に正しいことを示し得たと思っている。

周辺の国は悪意で臨《のぞ》んでくる。日本は侵略国だとか、勝手に既成の事実風に言う。
そういう感性も民度も違う相手をどう読めばいいか。その参考になれば幸せだ。

令和元年

高山正之

韓国とメディアは恥ずかしげもなく嘘をつく――目次

第2部　アメリカほど悪辣な国家はない——085

第3部　朝日はそろそろ自分の葬式を出したらどうか――137

装幀　井上新八

第1部

歴史を捻じ曲げる韓国と朝日

古代に先祖返りしてしまった韓国

まだ18歳のスウェーデン人ウイリアム・アーソン・グレブストが19世紀末の朝鮮を見て歩いて『悲劇の朝鮮』という本を書いている。

和訳が出ているが、訳者が韓国人なので例えば「この怠惰な民族は」とあるのが「この楽天的な民族は」とか誤訳がおびただしい。

それでも公開処刑の場面はさすがに誤魔化せない。死刑囚の手足をきつく縄で縛り上げて「両脚の間に棒をねじ込んで満身の力で片方の脚を圧し潰《つぶ》し、ついには骨が砕け潰れる鈍い音がし……」「気絶すると水をかけて正気に戻し」もう片方の脚を同じように砕き、さらに「腕の骨を砕き、肋骨《ろっこつ》を折って」「最後に絹紐《きぬひも》で縊《くび》り殺す」さまが描写されている。

青年は「こんな国がまだ地球上に残っていたこと」に驚きと絶望を語り、「やめさせられるのは日本人しかいない」と結んでいる。

この本が出たのが1894年。同じ年に閔妃《ミンビ》が放った刺客が上海で開明派の金玉均を射殺。その遺体は京城で凌遅《りょうち》の刑に処され、さらにバラバラに切断されて首は京畿道で、手足は慶尚道と咸鏡道で晒しものにされた。

金玉均は福沢諭吉に師事し、慶應義塾で学んだ。その慶應に医学部をつくった北里柴三郎は金玉均の首が晒されているころ、香港のペスト禍の救援に出向いている。

そして14世紀の黒死病以来、欧州の医学界が血眼で追い続けてきたペスト菌を僅《わず》か3日で発見し、鼠が媒介したことも突き止めた。

二つの国の悲しくなるまでの落差を見せつけるエピソードだが、これに続いて同じ年に日清戦争が起きる。日本は1万3800人の戦死者を出しながら勝利し、半島から支那の影響力を排除し、李氏《りし》朝鮮の独立を認めさせた。

しかし朝鮮は「アルプスの少女」のクララと同じ。独り立ちを怖がり、ロシアにすがって結果的に日本をロシアとの戦いに駆り立てていった。

おぞましいクララの姿にセオドア・ルーズベルトがまず愛想をつかして米公使館以下の米公

館をすべて閉じ、全外交官を引き揚げさせた。アンタのところはもはや国家ではないという宣言だ。世界もそれに倣った。グレブストの予言通りに日本に面倒を見させよう。

それは日本に大いなる負担を強いる。それが日本を脅威と見るセオドアの狙いでもあった。

日本は不承不承、日帝支配を始める。しかし一旦、引き受ければ日本人は生真面目に面倒を見る。あの残酷刑を終わらせ、彼らを縛ってきた身分制度を廃して奴婢《ぬひ》を解放した。

この国の女に名はなかった。閔妃ですら「閔氏の王妃」の意味で、名ではない。それで名を創らせたが、そういう伝統がない。で、良子とか郁恵とか、日本風の名が多くなった。

日本は毎年、国家予算の2割近くをつぎ込み、荷車1台なかった国に鉄道を通し、発電所を作り、元奴婢の家にも明かりを灯した。固陋《ころう》と汚穢《おわい》まみれの古代社会は千年を飛び越えて近代社会に生まれ変わった。

しかし人の心は変わらなかった。先の戦争で日本が敗れた途端、彼らは古代に戻った。11歳のヨーコの家に朝鮮人巡査が来て貴金属から母の眼鏡まで奪った。引き揚げの途中、日本人を鮮人が襲い、略奪し、虐殺した。口が砕かれて金歯が抜かれた遺体もあった。

たどり着いたソウルでも日本女性が襲われていた（ワトキンズ・ヨーコ『竹林はるか遠く』）。

そして済州島6万人虐殺、保導連盟10万人殺害に続いて反日の第1弾李承晩ラインが引かれる。竹島一帯を「ウリが海」とか言って日本漁船を銃撃、拿捕《だほ》した。44人が殺され、4000人が捕まって「6畳ほどの牢獄に20人が詰め込まれた」姿はグレブストの見た朝鮮の牢獄そのままに見える。

反日は昂じ、朝日新聞捏造の慰安婦を世界に吹聴し、海上自衛隊艦艇の旭日旗に因縁をつけ、自分の方がもっとよく似ているのに「日本人は猿」とか罵る。今は日本の神社仏閣を荒らし、汚して喜んでいる。

米国の金正恩斬首《ざんしゅ》作戦は避けられない。産経の黒田勝弘特派員は「在留邦人の避難所になるはずの日本人学校が（橋が落とされる）漢江の向こうに新築された」と危機感の希薄さを指摘している。

ではソウル攻撃のときはどうするのか。「日本人もとりあえず韓国国民とともに近くの地下シェルターに避難すればいい」（同）

麻原彰晃と同じに踊って歌って選挙を戦った文在寅《ムンジェイン》は邦人救出の自衛艦の接近すら「旭日旗をつけているから」と拒絶している。まして慰安婦像を守れと昨日まで蠟燭《ろうそく》立てて騒いでいた韓国市民がシェルターに日本人をどうぞと入れると考える方がおかしい。

朝日新聞に載れば一流という愚かな幻想

昔、馬鹿な学者は朝日新聞に載れば一流だと思い込んでいた。

一橋大の藤原彰教授もその一人で、あるとき、お前に書かしてやってもいいと朝日新聞に言い寄られ、ついては支那・洞庭湖のほとりの水田地帯に煙がもくもく立ち昇る写真を「日本軍の毒ガスだと言え」と迫られた。

藤原も学者の端くれだ。毒ガスは第一次大戦の塹壕戦で最初使われた。空気より重くし、地面を這《は》い、塹壕に流れ込んで殺す。空に立ち昇っちゃあ話にもならないと思ったが、朝日の機嫌は損ねるわけにはいかない。藤原教授談で「ハイこれが毒ガスです」とやった。

朝日に楯突く者はいないと思ったら、産経新聞の石川水穂がその嘘を暴いた。藤原は世間から嘘つき教授と指弾され、それきり消えていった。

しかし馬鹿な学者の種は尽きない。早大の後藤乾一は東ティモールで日本軍が5万人島民を殺したという嘘を書いた。朝日には喜ばれたが、隣近所からは人非人のように疎《うと》んじられた。

東北大教授の明日香壽川《あすかじゅせん》は朝日に「支那は排ガス規制の優等生。日本も見習え」とか偉そうに書いた。途端にＰＭ２・５騒動が起き、彼の嘘がバレるわ、明日香とか由緒正しそうな名も実はインチキ。日本風に改名した支那人とバレてしまった。今は何でこんな嘘つき外人を大学教授にするのかと文科省に文句が殺到している。

それでもまだ朝日に書きたい学者はいて、今は小熊英二が藤原彰の後釜に座った感じがする。彼は護憲の朝日に迎合した聞いたこともない学者の言葉を集めて論評（２０１７年４月27日付「日本国憲法　改正されずにきた訳は」）する。

改憲されずに70年きた訳についてケネス・マッケルウェインは「『法律でこれを定める』という柔軟性で改憲しないで済んだ」と真顔で嘘をつく。何を馬鹿言う。改憲されなかったのは改憲しようにも賛否の判断をゆだねる国民投票法もなかった。安倍がそれを作り、つい２０１０年に発効したばかりではないか。

マッカーサーが「朕は深く喜ぶ」（上諭）と陛下を装って勝手につくった憲法を普通の日本人は決して好まない。それに対しては木村草太の「今の憲法には内容に問題ない。押しつけくらいしか因縁付けられない」を紹介する。

よその国にすがって生きろという乞食根性の憲法をそうやって持ち上げる。この詭弁屋は長谷部恭男のゼミ出身という。なんか分かる気がする。

で、小熊が持ち出したのが立憲主義。「憲法」を「法を正（憲）す法」と憲の字の原義に立ち戻って言う朝日新聞お得意の主張だ。

しかし日本人は漢字の原義なんかにこだわってこなかった。例えば民主主義の「民」の字。原義は目を意味する「目」の瞳《ひとみ》部分「一」を潰して盲《めし》いさせたのが「民」。すなわち民草とは「何も見えない、愚かな集団」という意味だ。

日本人はそんなことお構いなしに一般の衆生《しゅじょう》のつもりで民主主義という言葉を作った。支那人はその言葉を見て「衆愚政治」と思ったらしいが、まあここは日本人に倣おうと日本語漢語に慣れてきた。今や支那人が使う言葉の75％は日本語で、宮脇淳子は「支那は今、日本文化圏に属する」という。

そんなご時世に憲法の憲の字は法を正すと読むのだなんていう。朝日新聞以外に誰がそんなバカを信じるのかと思ったらアイルランド系の前出ケネス某が専ら信じ宣伝しているという。日本文化圏に入りこんでくるならちゃんとその文化を学ぶがいい。

小熊も朝日におべっか使っていつまでもいい加減なことを言っていると藤原彰の二の舞になるぞ。

トルコのエルドアン大統領を批判し始めた欧米メディア

トルコの大統領はドイツの大統領と似ていた。何の政治権力もない、単なるお飾り役。ホントはみんなでやったホロコーストを「ナチがやった」と言い訳するときに首相に代わって頭を下げるのが唯一の仕事だった。

そんなのは嫌。米国並みの力ある大統領になりたいとエルドアンが問うた2017年4月の国民投票で彼はみごとに勝ちを制した。

ご同慶とトランプは祝意を送ったが、このたかがトルコの内政問題に米紙も欧州紙もまるで気が狂ったように独裁者スルタンの復活とか、異様なまでの批判を浴びせかけた。

浴びせる批判は「トルコの民主主義は死んだ」とかの定型の文言に加え、「トルコとはもはや価値観を共有できない」「トルコのEU加盟交渉はもう中止だ」（独フランクフルト・アルゲマイナー）の2点がどの新聞にも共通する。

どの新聞も実はつい昨日まで「エルドアンは立派な指導者」と褒め、NATOの一員としても「よくやってくれた」と言っていた。

掌返《てのひらがえ》しはあの難民騒動の折、エルドアンが長年放ったらかしのトルコのＥＵ加盟の是非にいい加減けりをつけろと言ったときからだ。

欧州には「ＥＵは白人キリスト教国家の集まり。イスラム国家が入れると思う方が間違い」（フィナンシャル・タイムズ）という本音がある。

で、トルコが加盟交渉を言い出すと途端に「第一次大戦中のアルメニア人１５０万人大虐殺を認めることがトルコの民主化の出発点」風の嫌がらせ論議が出てくる。トルコにとっての南京大虐殺みたいな話で、トルコ人はそれを絶対飲まない。

今回は欧州議会も追いかけて「アルメニア人の悲劇をジェノサイドと呼ぶ」決議を採択したり、ローマ法王が「20世紀最初のジェノサイド」と呼んだり、同趣旨をドイツ議会が採択したり。トルコが立腹し、ＥＵ加盟話は立ち消えるというのが毎回の手順だった。

今回の国民投票はトルコ過半の民が「もうＥＵ加盟は結構。お前らにはうんざりだぜ」という意思を表示したことになる。

ＥＵはもうトルコ加盟で悩まなくても済んでホッとする一面、トルコが独自に動き出したら中東の構図もロシアの出方も見えなくなる。おまけにトルコがその気になれば難民問題も再燃しかねない不安もある。

いい気味だが、日本もこれを他山の石に南京と慰安婦をいい加減きっちり処理し、歴史戦に勝たねばならない。平たく言えば朝日新聞の首根っこを押さえて尻を拭かせなくてはいけない。

ネガティブ・エネルギーに身を焦がす韓国人

少し前、靖国神社境内に爆弾もどきを仕掛けた韓国人、全昶漢《チョンチャンハン》が捕まった。「A級戦犯合祀《ごうし》が気に食わなかった」のが動機という。

日本人でもないくせに朝日新聞みたいな戯《たわ》けをいうのが気分悪かったが、チョンはその爆弾もどきを仕掛けるためにわざわざ飛行機でソウルから何度も日本に飛んできていた。その執念というかエネルギーの凄まじさに驚かされる。

そのあと別のチョンが福島県須賀川市の長命寺の阿弥陀仏像をぶち壊したり、道の辺の地蔵尊を含めた少なくとも１１９体をハンマーで損壊しまくって捕まった。

こっちのチョンもまたわざわざ飛行機で羽田に飛んできて、80キロの道を何日もかけて歩き回り、日本人が大事にしてやまない地蔵尊や神社仏閣を見つけては「怒りにまかせて(本人の自供)」ぶっ壊したという。

モノの本にバイオフィードバック・システムの紹介があった。生体の微弱電流をコンピュータが拾って感情エネルギー量を計測する。それで計ると「憎悪」や「遺恨」といったネガティブ・エネルギーは桁外れに大きくなるという。

日本をぶち壊そうと二人のチョンがカネと時間を惜しみなく注ぎ込んでやってきたときのネガティブ・エネルギーはきっと相当に高かったことだろう。

それにしても何でネガティブなのか。日本人には彼らに怨まれる心当たりもない、むしろ彼らに感謝されていると思っていたから、二人のチョンが示した憎悪には戸惑うばかりだが、その上を行く事件も起きている。

米朝会談の少し前、東京・渋谷のＮＨＫ放送センターから出てきた日本人男性が面識もない韓国人に包丁で首を斬られた。

この韓国人はＮＨＫの番組が気に食わなかったから「ＮＨＫ幹部を殺す気」で釜山からフェリーで入国し、数時間も待ち伏せしていたという。

しかしＮＨＫは視聴者には内緒で韓国放送局をただ住まわせ、南北朝鮮の意に沿った放送しか流していない。とくに北朝鮮には親切でＮＨＫ出身の国際評論家（笑）吉田康彦は「北朝鮮は拉致しない」と大見得を切っていた。吉田の先輩、磯村尚徳は「朝鮮戦争は北が先に侵攻してはいない」とニュースセンター９時で言った。「あの戦争は自然発生なんです」と。

この韓国人はだからＮＨＫがどうではなく単に日本人を殺したかったのではないか。

そう思わせる事件がその少し前に東京・三軒茶屋で起きている。在日の金輝俊《キムフィジュン》（当時40歳）がすれ違っただけの女性の首を包丁で切りつけたのだ。殺人未遂で捕まった彼のパソコンには「日本人を大量虐殺する」の決起文が残っていた。

一連の事件から理解できるのは韓国人たちはもはや仏像を壊すだけでなく生身の日本人をぶっ壊したいネガティブ・エネルギーに身を焦がしているという事実だ。

因《ちな》みに一般の外国人永住者は１年以上の有期刑の罪を犯すと国外追放になるが、在日は殺人など懲役７年以上でないと追放されない。ただ海部俊樹がたとえ殺人犯でも韓国人を追放することはないと盧泰愚《ノテウ》と約束した。この「日本人大量虐殺」を公言した在日も追放されることはない。

日本は米朝会談を受け、北朝鮮との拉致問題解決の機会を得たが、それを解決した先には北との国交正常化が日程に上がってくる。

韓国のネガティブ・エネルギーでもこのありさまだ。わざわざ禍いを2倍にすることもない。韓国との付き合いも含め、そろそろすべてを清算し、遮断する時期ではないか。そのときは殺人犯も未遂犯もみな追放しようじゃないか。

児童虐待もチンパンジー並みになりさがった

雑誌『正論』平成30年7月号に尊敬する長谷川三千子、竹内久美子のセクハラ対談があった。中でチンパンジーと人の違いについて動物行動学者の竹内が「人間の女はいつでも交尾できる」のに猿の雌は「乳飲み子がいて授乳している間は発情も排卵も止まる」と説明していた。だからチンパンジーのハーレムでボスの交代があると新ボスはメスが抱いている元ボスとの間の子の喉《のど》を切り裂きさっさと殺していく。「子を失ったメスは悲嘆することもなくたちまち発情して新しいボスの子を孕《はら》む」のが動物界の姿だと。

それが人間と野獣の違いというが果たしてそうだろうか。

東京・目黒区で5歳の船戸結愛《ゆあ》ちゃんが父、雄大（当時33歳）と母、優里（同25歳）に殺された。雄大は結愛ちゃんとは生《な》さぬ仲。サルで言えば元ボスの子だ。

雄大は結愛ちゃんが3歳のころから躾《しつけ》と称して拳で顔を殴り、年の瀬の寒空に外に放置した。香川県の児童相談所職員が虐待と認定して二度も保護していた。

雄大の虐待は東京に移ったこの冬まで続き、午前4時に起こして平仮名の勉強をさせ、できなければ殴りつけた。食事も与えず、しばしば裸足でベランダに締め出した。衰弱の果てに3月、結愛ちゃんは死亡。その足はしもやけに侵されていた。

「あしたはできるようになるからもうおねがいゆるしてくださいおねがいします」。平仮名書きの親に宛てた手紙が痛ましい。

雄大の行動を見るとほとんどチンパンジーと変わらない。

いや、猿より酷《ひど》い。竹内久美子の別の本によると新ボスは乳飲み子の喉を一閃《いっせん》、切り裂き、即死させる。しかし雄大は2年もじわじわ時間をかけて苛《いじ》め殺した。その間、生みの親の優里も雄大と一緒に虐《いじ》めた。こっちも猿以下だ。新ボスの関心を惹《ひ》こうと発情しながら我が子を虐めていた。

この手の、つまり子持ち女のところに転がり込んだ再婚男の継子殺しは驚くほど多い。数年前、西東京市の村山彰（逮捕時41歳）は妻の連れ子、由衣翔《ゆいと》君（当時14歳）を虐め続け、「24時間以内に自殺しろ」と脅して首つり自殺させた。刑はたった懲役6年だった。

90年代、大阪市で小学校6年生の女の子が自宅で入浴中、火事で焼け死ぬ事件があった。警察は在日の父が生さぬ仲《なな》の女の子を凌辱《りょうじょく》していたこと、さらに女の子に1500万円の生命保険を掛けていたことを摑《つか》んで両親を逮捕。二人は保険金目的で娘を焼殺したと自供、服役していたが、弁護側の冤罪《えんざい》申し立てがあって今は出所している。

「転がり込んだ男」がかなりの確率で子供を殺している。結愛ちゃんのケースでは香川県の児童相談所も同じ視点で見守り、警察に虐待を通報していた。

しかし香川の児相から連絡を受けた品川の児相はそれを無視した。言い訳がいい。今から義理の娘を殺そうと思っている「親が嫌がったから」と。まるで福田康夫みたいな言い訳の結果、雄大に結愛ちゃんを殺させた。

今度の事件の教訓ははっきりしている。香川県の児相や大阪の警察が見立てたように再婚男は極めて危険ということだ。

因《ちな》みにいうと児童虐待では米国は超先進国で、子供の虐待も台所のレンジに「押し込んで焼き殺す」とか「年端のいかない我が子にブロージョブ（口淫《こういん》）をさせる」（米精神分析学者ジュディス・ハーマン）とか、凄《すさ》まじい。

それで例えばカリフォルニア州では児童虐待を厳罰にし、それを見た者に警察への通報義務を課している。子供の泣き声を聞いて黙っていたら、罪に問われる。

それがいかに徹底しているか。日本人夫婦がロサンゼルス郡トーランスのスーパー前に車を停め、後部シートに赤ん坊を寝かしたまま車をロックして小半時、買い物をした。

買い物を終えて駐車場に戻ったら、車の周りは黒山の人だかりだ。車の中では赤ん坊が火のついたように泣いていた。パトカーも駆けつけ、両親はその場で育児保護放棄の現行犯で逮捕された。

この話には続きがある。赤ちゃんは保護され、病院で診察を受けた。検診でお尻に青あざが見つかり、虐待と判断した医師からの通報で、両親は重犯罪の幼児虐待の罪で勾留《こうりゅう》された。

蒙古斑《もうこはん》を理解してもらうのに随分時間がかかった。

日本は米国よりはましだが、世間も「再婚男はほとんど殺人犯」くらいの認識をもって泣き声があったら即通報したい。

朝日が言えば冤罪も嘘にみえる

日本の冤罪史は１９７１（昭和46）年、滝谷福松の出頭で書き始められた。滝谷はその22年前に起きた弘前大教授夫人殺しの真犯人だが、司法当局は別人を犯人とし刑に服させていた。申し開きもできない冤罪だった。

原因は東大法医学研の無能教授、古畑種基《ふるはたたねもと》のインチキ鑑定だった。滝谷の出現で古畑鑑定が再検証され、その結果、古畑がやった財田川《さいたがわ》、松山、島田各事件の鑑定もインチキと分かり、死刑囚監房に繋《つな》がれていた谷口繁義ら3人の死刑囚が生還した。

しかし古畑の権威も名声も揺るがなかった。なぜなら鑑定の嘘がバレる前に古畑は文化勲章を受章していた。

陛下手ずからの授章者がインチキ鑑定師では困る人たちが多かった。その人たちが冤罪と古畑をそっと切り離したからだ。その中に朝日新聞もいた。

朝日がからんだのは下山国鉄総裁事件だ。

古畑は「轢断《れきだん》はほとんど出血しない」という現場の知識を知らなかった。それで出血がないのは「誰かが血を抜いた」「そのあとに死体を列車に轢《ひ》かせた」とする死後轢断と鑑定した。つまり殺人事件だと。

みんな笑ったが、朝日は馬鹿だから真に受けた。社会部の矢田喜美雄《やだきみお》が現場付近の小屋から血痕を見つけ、「米軍による犯行」の大特ダネを打った。インチキ鑑定にインチキ話を重ねていた。

だから今さら古畑鑑定が間違いでは朝日の面子《メンツ》が廃《すた》る。この際、古畑は正しく、冤罪は警察か検察がやったことにしよう。

一方、世の中は冤罪の原因だった、古畑が鑑定世界からいなくなって、冤罪は消滅した。しかし、冤罪はいい新聞ネタだ。それで古畑がいなくなったあとは朝日が自分ででっち上げることにした。

その第一号が首都圏ＯＬ連続殺人犯、小野悦男だ。この間違いない殺人狂を朝日は冤罪だと騒いで無罪放免した。娑婆《しゃば》に戻った小野はまた女を殺した。朝日のつまらない面子のせいで無《む》辜《こ》の人が殺された。

それでも朝日は懲りない。事件があるたびに冤罪を叫ぶ。

今回は一家四人が惨殺された袴田《はかまだ》事件を冤罪と言い立て、２０１８年に高裁が再審を棄却すると社説でぐじゃぐじゃ文句をつけた。

他紙が言うならまだしも、朝日が言えばいうほどみな嘘くさくなる。袴田巌もすごく迷惑がっているようにみえるが。

降伏時に掲げる旭日旗の用意はあるか？

日本海海戦は1905（明治38）年5月27日午後1時過ぎから始まって大勢は最初の数時間でほとんど決した。

まず戦艦オスラビアが燃えて全乗員とともに沈んだ。艦底の「機関室には200人が閉じ込められたまま沈んだ」とノビコフ・プリボイの『ツシマ』にある。

続いてアレクサンドル3世が沈み、司令官ロジェストヴェンスキーの乗る旗艦スワロフも燃える鉄屑と化した。司令官も負傷し、駆逐艦ベドヴィに担架で移された。

船足が遅く、ために日本艦隊の目を免れたネボガトフ提督のロシア第3艦隊も翌28日払暁に東郷平八郎の艦隊に捕捉された。「日本艦隊は昨日の激戦がなかったかのようにマストも煙突も何も傷ついていなかった」（同）とネボガトフ提督の驚きを記している。

やがて距離を縮めた日本側が砲撃を始める。砲弾は正確に提督の戦艦ニコライ1世に集中する。

提督は降伏を決め、部下に白旗を上げるよう命じた。しかし日本側の砲撃はやまない。その辺をアルゼンチン観戦武官マヌエル・ドメック・ガルシアは「ロシアの戦闘旗は白色だったために日本側が誤解した」と著書で述べている。

ネボガトフもそれに気づいた。「急ぎ軍艦旗を降ろして日本の旗を掲揚しろ」「エンジンを止めて停船せよ」を命令した。日本側は砲撃をやめた。

これが降伏の手順で、手順はまだ続く。提督は短艇を下ろして旗艦三笠に向かう。艦上で東郷平八郎に敬礼し、帯剣を外して東郷に手渡そうとした。

ガルシアの書では「東郷はそれを押し止めて帯剣を許した。随行のロシア士官にも帯剣を認めた」「降伏の恥辱を少しでも和らげるための計らいだった」とある。この帯剣引き渡しまでが現場での一連の降伏の形となる。

ここで第3艦隊の降伏について戦艦アリョールに乗っていたプリボイが興味ある記述をしている。旗艦ニコライが停船し、白旗を掲げると、それに従う装甲海防艦セニャーウィン、同アプラクシンとアリョールが旗艦に倣い「機関を止めて艦を停止させ、メインマストに敷布の白布で代用した白旗と、艦尾に日本の旗、旭日旗を翻した」と。

艦尾マストはその艦の所属国を示す。降伏する際に、そこに相手国の軍艦旗、相手艦が日本艦ならあの旭日旗を掲げることで降伏し、あなた方の所有艦になりましたと示すわけだ。

韓国は済州島で行われた国際観艦式に参加する自衛艦に日本の海軍旗、旭日旗は戦犯旗だから掲げるなと非礼な申し入れをした。

戦犯の旗とは何だ。サッカーの試合で猿真似をした下品な韓国人選手が口から出まかせを言った。日本人を困らせるためならどんな嘘も喜ぶヘイト韓国人はそれを大喜びした。

歴史を見ればこの国は日本と正面、戦ったこともない。経世済民も思うに任せず日本に統治を委ねた忌まわしい過去しかない。それをヘイト言動で覆い隠してきた。

日本はすでに韓国との通貨スワップ協定をやめた（2023年12月に再開）。同じようにこんな国家的なヘイト行動を続けるなら国交レベルも大幅に下げるべきだろう。

その前に最後の忠告をしたい。将来、多分そう遠くない時点で、韓国艦が日本の艦隊とまみえるときがあると思う。そのときは降伏用に旭日旗を用意した方がいい。

さもないと日本側は降伏したとは見做《みな》さないから確実に撃沈するだろう。ヘイトにこだわって国際ルールを守らないととても痛い目をみるということだ。

ようやく歴史の真実に目覚めたアウンサン・スーチー

スーチーの父アウンサンは表向き、政敵のウ・ソーに暗殺されたことになっている。

しかしビルマ国民の多くはそんなことは信じていない。アウンサンもウ・ソーも英国に嵌《は》められて前者は暗殺され、後者はその暗殺を仕組んだ男に仕立てられて処刑されたと思っている。

証拠があるのかと歴史屋は問う。「証拠なんかねーよ」と朝日新聞の高橋純子みたいに答えるしかないが、歴史の流れからなら読み解ける。

アウンサンは知ってのようにビルマを植民地にした英国を嫌って日本側に走った。日本軍といっしょに英領ビルマに戻って祖国を英国の手から取り返した。

その日本軍が敗勢になるとアウンサンはビルマ人の国ビルマの国体護持を約束させて英国側に寝返り、疲弊した日本軍の背を衝《つ》いた。

一方のウ・ソーは真珠湾の日、そこにいた。青い顔で逃げ惑う白人たちを見て日本につくことを決めた。ハワイから東回りで帰国する途次、ポルトガルで日本公使館に立ち寄った。リスボン公使館からその旨を伝える電文が外務省飯倉公館に残るが、英国はそれを察知してウ・ソーを捕えて終戦まで牢に繋《つな》いだ。

二人は米英がいう侵略国・日本が実は自ら血を流してアジアを解放したことを知っている。そんな二人を生かして残しておけば将来、何を語り出すか。禍根は早目に絶つに限ると考えるものだろう。

英国の凄いところは二人をそうして処分したあとの目配りだ。

アウンサンには忘れ形見がいた。スーチーだ。2歳のときに父を失った彼女はいつか父の死の真相を知るだろう。国父の血を引く彼女が語り出せばビルマは動く。それも英国は読み込んでいた。

駐インド大使として赴任した母についてスーチーがニューデリーに行くと、元ビルマ総督ヒューバート・ランスが待っていた。

彼女はランスに引き取られてオクスフォード大に進み、さらに英人東洋研究家のマイケル・アリスとの結婚も準備されていた。

スーチーは英国の敵となる前に最も英国人らしい英国人に仕立てられていった。結婚相手まで用意した英国の工作には驚かされる。

そしてその工作は無駄に終わらなかった。

ビルマのネ・ウィン政権ははっきり反英を打ち出し、大英連邦加盟を拒否し、植民地時代からの英語授業も廃し、ラングーン外語大の科目からも英語を消し、英国流の左側通行もやめた。

その上で国連を舞台に植民地時代に奪った玉座などの返還を英国に迫った。玉座は象嵌《ぞうがん》されていたルビーやエメラルドが抜き取られ、穴だらけで返還された。

ネ・ウィンはそれを公開し、英国の植民地支配のひどさを世界に訴えた。さらに英軍が対日戦さ中に行った幾つかの村の虐殺記録を公表してその賠償を求めた。

英国は困った。ネ・ウィンの口を早く封じなければ東南アジアで残忍な行為をしたのは日本でなく英米蘭など白人国家だったことがバレてしまう。

何かいい手はないかとなって西洋人として育ててきたスーチーに出番が回ってきた。

お前の祖国の民は独裁者ネ・ウィンの下に苦しんでいる。彼を黙らせ、民主主義を移植することがお前の使命だ、と吹き込んだ。

スーチーは夫も子供も捨て、ビルマにゆかりある文明人の一人として使命感をもって30年ぶりの祖国に戻った。以来、軟禁されながらも彼女は本気で使命に命を張った。

一方、英国は植民地で儲けた米仏などを語らい、彼女にノーベル平和賞、サハロフ賞、パリ市民栄誉賞など人道にからむ賞や栄誉を26個も授与した。莫大な賞金はビルマを出られない彼女に代わって夫や息子たちで山分けした。

白人の都合で創ったウソがやがて国際世論をリードし、ネ・ウィンは追放され、気が付いたとき彼女がビルマの実権を握っていた。

しかし彼女がトップに立って国を見たとき、そこには英植民地時代の深い傷がいまだに口を開いていた。ビルマ人の国は英国が入植させたインド人、支那人、山岳民族に蚕食《さんしょく》されたまま。今またロヒンギャが続々と流れ込んでいた。敬虔《けいけん》な仏教徒ビルマ人の国を再び滅ぼす勢いだ。

彼女は恐らくこのころに父の最期も知ったはずだ。スーチーは今、アウンサンの娘であることに目覚めた。

今、白人国家は彼女に与えた栄誉を剝奪《はくだつ》すると脅しをかけている。でも彼女はもはや支配し操るためのご褒美などいらないと思っている。

ユネスコの世界記憶遺産を牛耳ったボコバ女史の失脚

スーチーの例でも分かるように国際世論とはかなり恣意的《しいてき》だ。早い話、日本と言えば支那や東南アジアで残虐非道をやった悪い国と相場が決まっている。

対して支那人は素朴で純真でとパール・バックが描き、でも確固とした信念も持ち合わせるとエドガー・スノーが追記したしっかり者と見られてきた。

そんな支那人の国を悪い日本軍が蹂躙《じゅうりん》し南京では無辜《むこ》の民30万人を殺したとニューヨーク・タイムズが報じた。

今さら疑う余地もないからとユネスコのボコバ女史が南京を世界記憶遺産に登録した。

尤《もっと》もこの女はブルガリアの共産党員。支那人に似てユネスコ事務局長につくなり共産党員らしく旅行費80万ドルをお手盛りし、5億円の家を現金買いした。同じ穴に棲《す》む習近平ともすぐ仲良くなり、気脈も賄賂も通じて南京大虐殺もすんなり登録できたのだと国連スズメは言う。

習近平は図に乗る。「1930年代、世界がユダヤ人を排斥する中、人道的な支那人が上海に3万人の難民を受け入れた」とその当時の収容施設とともにユネスコの記憶遺産に登録したいと言い出した。

その施設が日本租界の虹口《ホンキュウ》の日本人学校。確かにそこにユダヤ人が入ったのは間違いないが、受け入れたのは支那人でない。上海租界の日本人だ
ソ連国境のオトポールで凍死寸前のユダヤ人を関東軍が助け、「満洲国から上海の日本人租

界を経て」というナチからの逃避ルートが確立された。このルートの背景には杉原千畝（すぎはらちうね）がリトアニアで発行した6000通のビザも絡む。

これとほぼ同時期に日本からユネスコ事務局に世界記憶遺産として出されたのがまさにその杉原千畝の命のビザだった。

ボコバはどうしたか。彼女は躊躇《ためら》いなく杉原の申請を却下した。支那とのどっぷりの関係がこれほど明確に出たことはない。恐らくはほとぼりが冷めるのを待って支那の申請を認める腹づもりだったと思われるが、彼女のあまりの汚職三昧《ざんまい》もあって再選もなくユネスコを追われた。

国際評価は時間をかければ変わることもある。支那の本質が見えてきた昨今、反動のように日本を正しく評価する声も出てくる。

そういえば過去、杉原のことをまったく無視してきたニューヨーク・タイムズに1ページを使って彼を褒め上げる記事がどんと載った。これも支那の化けの皮を剝《は》ぎつつあるトランプのおかげかもしれない。

世界の覇権の中心はアフガンにあり

アフガンがいつも国際政治に絡むわけはそう難解なことではない。一つは１７９１メートルというカブールの標高にある。

街の南東の丘に聳《そび》えるバラヒサール宮殿の高さは１８００メートルを超える。赤城の山の天辺ほどの高みにある。

そしてもう一つが国の形。大空から見下ろすと葉っぱの形をしていて長い葉柄もついている。

葉っぱは北にロシア、西にイラン、南にインド、そして細長い葉柄、ワハン回廊の先に支那がある。つまりアフガンはアジア大陸の一番高いところにあって四囲に歴史を動かした大国を見下ろしている。

もし世界の覇権を握りたいならアフガンを占めればいい。四囲の大国を好きに攻められる。逆にそこを他国に取られれば、どの国にとっても大ごとになる。天下の要衝なのだ。だからみなアフガンを取りに行く。最初に取ったのは成吉思汗《ジンギスハーン》の息子たちで、ここを足場に中東を制した。モンゴルが去るとムガール帝国初代のバーブルがきた。バラヒサールを建て、南のインドを制してやがてアグラに都を移した。今はタージマハールの所在地として知られる。

17世紀、そのインドを制した英国が要衝アフガンを南から取りに行った。同じ思いに駆られてロシアが北から入っていった。英国とロシアの中央アジアの取りっこ、世に言う「グレート・ゲーム」は英国が勝ちを制してカブールにも先に入った。

しかしアフガンという国は尋常ではない。パシュトゥーン、トルクメン、タジク、ハザラなど諸民族が割拠し、隙《すき》があれば互いに殺し合い、奪いあった。

ここに入った英軍は支配しているという実感もないまま将兵が次々殺され、物資が奪われた。

1842年1月1日、英軍とその家族1万6000人がハイバル峠に向けて撤退していったが、1週間後、ジャラランバードの英軍基地に帰りつけたのは医師ウイリアム・ブライドンただ一人だけだった。シャーロック・ホームズの相方ワトソンのモデルとなった人物だ。

英国は復讐を誓った。寒さに弱いインド兵に代えてネパールのグルカ兵を尖兵《せんぺい》にして1870年代、再びカブールを襲い、勝利の証にバラヒサール宮殿を爆破した。英国人が紳士だなんてとんでもない。バーミアンの磨崖仏《まがいぶつ》を破壊したタリバンと変わりはない。

しかし、二度目の征服も横行する土賊（ダコイト）に手を焼いた。例えれば粗暴な引きこもりの息子がぞろぞろいて、夜な夜な親を襲って殴るけるの乱暴するような家庭を考えればいい。結局、英国は彼らに屈して再び撤退した。大陸の覇権どころの話ではなかった。

では、と次にソ連がここに出てきた。共産主義の残忍さを以てすればアフガンの引きこもり土賊なんぞ何ほどのことがあるか。

が、そのソ連もカブール在住は10年と持たなかった。最後は国連に頼んで何とかカブールから撤兵したものの、それが元でソ連自身が解体していったことは記憶に新しい。

成吉思汗の昔からアフガンは要衝と分かっていた。ただ取ったところで睨《にら》みを利かす前にわが身が持たなくなる。触ってはならない丘の上の電気クラゲみたいなものだと英ソが身をもって立証した。

だから米国がアフガンに出たときはみんなびっくりした。米本土でテロをやったアルカイダがそこに居候している。やむを得ないアフガン介入だった。その限りで同情できるけれど、考えてみればアフガンにアルカイダの種を蒔《ま》いたのは他ならぬ米国自身だった。

先に出ていたソ連軍を叩くために米国は大量の武器を投入し、アルカイダをせっせと育てた。

ソ連敗退後、立派に育った彼らは皮肉にも米国を次の攻撃目標に選んだ。

米国は一時14万人も派兵したが、アルカイダは潰せなかった。米軍の被害は増え、英国、ソ連と同じ道を今、歩んでいる。

オバマはたまらずアフガン撤兵を決めたが実行できず。トランプはアジアのダメな国のために米兵が死ぬ必要はないと吠えたが、結局8000人増派を決めた。

なぜ居残るのか。理由はそこが要衝であり、米国が引けば支那が出てくる可能性が高いからだ。あの国は何十万人死んでも気にしない。そういう破廉恥が要衝を握ったら、支那の大陸制覇は現実の悪夢になる。トランプもたまにはいい決断をする。

誰にも相手にされないと暴発する韓国

ニューヨークに核をぶち込む動画を流して「無慈悲な鉄槌を下す作戦が承認された」と吹き、日本にも「水爆で海に沈めてやる。日本はもはや我が国の近くに存在する必要を認めない」とすごむ。

こっちだってそんな半島はない方がいいと思っている。そんな悪態の百も並べて、で、望むのは何かと言ったら「米国が対等と認め、かつ北朝鮮の核プログラムに口出しをしないこと」（国営通信）。

言いたいことは分かる。実際、核を持つなと脅し上げられた第三世界の国々が核放棄を受け入れた瞬間、サダムもカダフィもあっさり殺されてしまった。

正恩が必死に核にしがみつく姿には生きたい、殺されたくないのあがきが滲む。

でも、それが許されたらどうなるか。北はすぐ韓国の取り込みを図る。南では文在寅が揉み手して待っている。南北統一はかなり早く実現するだろう。

そうなれば朝鮮人の国連議席が一つ減って騒音が半分になる。サッカーのワールドカップの出場枠も一つで済む。好ましいではないかと思うヒトもいるが、ことはそう簡単ではない。

「対馬は朝鮮領だ」「慰安婦と徴用工に金を払え」「染井吉野はウリのもの」と条理もないへったくれもない主張を重ねる狂気の国と核の脅威を振りまく狂気の国が合体することになる。

二つの狂気は本気なのか、どこかに落としどころでもあるのか。

それを解くカギは北朝鮮が核に手を出した時期にある。１９９３年、北は核不拡散条約から脱退するが、その動機は前年の「支那と韓国の国交樹立」にあった。

朝鮮は戦後、日本の手を離れて北にはソ連の傀儡《かいらい》政権が置かれ、南には米国が進駐した。ソ連は北に武器を与えて朝鮮戦争をやらせたが、北が負けそうになるとソ連はさっさと逃げた。薄情だった。代わりに支那がバックアップしてくれて、人海戦術で押し返してくれた。

休戦後、韓国には引き続き米軍が駐屯し核兵器も持ち込んで今も面倒を見ている。

北はというとソ連が朝鮮戦争で貸与した兵器の代金を取り立てて去っていき、支那も人民解放軍を駐屯させることもなく、さっさと引き揚げていった。

植民地並みに総督府でも置いてくれてもいいのに、それもなかった。ただ口先では共産国同士の熱い友誼《ゆうぎ》を語ってはいた。

なぜみな北に居たがらないのか。古田博司・筑波大教授は「皆に嫌がられる民族性による」と断じる。その通りだろう。

北と支那のごく淡い関係が続いていたと思っていたのに支那が韓国と国交を突然、樹立した。支那はずっと心の友であり支援者だと思っていた北朝鮮には衝撃だった。

見捨てられた北朝鮮は絶望的な孤独感と僻《ひが》みと恨みに燃え上がったことだろう。

彼らは孤独感、疎外感が思い切り怖い。少し前にヴァージニア州立工科大で韓国人学生チョ某が銃を乱射、33人を殺した。残したチョの告白ビデオには「誰も付き合ってくれない。俺を寂しがらせた米国が悪い」とあった。

そういう民族性ゆえに、みんなに相手をしてもらえる核を選択したと思われる。だから「対等に付き合って」という言葉が何の衒《てら》いもなく出てくるのだろう。

では落としどころはどこか。歴史を見るとあの民族はずっと誰にも相手にされなかった。植民地支配もなかった。その歴史で唯一の例外が日帝支配36年だった。

インドは英国に酷い目に遭わされながらいまだに英国への強い思慕がある。それを考えればあの36年間は多分、彼らには桃源郷だった。現に北朝鮮の国章には日本の創った水豊ダムをあしらっている。

でも素直にそう言えない。

その歯痒《はがゆ》さから日本を沈めちゃうの、慰安婦をどうするの。屈折した言い掛かりをつける。気分は分かるとして、日本人はややこしい相手はもう金輪際、嫌だ。

朝日新聞は馬鹿な教授を選んで嘘を書く

朝日新聞は嘘を書くとき、教授にその嘘を語らせる。ただ頭のいい教授は嘘を好まないから必然、馬鹿な教授を選んで使ってきた。

日本軍の煙幕を「これが毒ガスだ」に仕立てたときは一橋大の藤原彰教授を使った。スマトラで「日本軍は土人3000人を生き埋めにした」の嘘は早大の後藤乾一教授を使った。嘘がばれて二人は表も歩けなくなった。

その朝日が今度見つけたのが東大教授の宇野重規《うのしげき》だ。「朝日新聞は森友学園と加計学園に関する報道で日本ジャーナリスト会議（ＪＣＪ）賞を受けた。息の長い報道活動は評価するに値する」と宇野が当の朝日に書いている。

宇野に教えてやるが外人記者会も同趣旨で賞を出した。そこのトップの〝外人記者〟は米国でツイッターをやっていた男で、記者ですらない。ジョン・ダワー辺りから「日本では白人で日本批判をやると食っていける。女も好きに寄ってくる」と聞いてやってきた不良外人の一人と言われる。

ＪＣＪもいかがわしさは同じ。だいたい受賞を朝日しか報じないのを宇野はヘンだと思わなかったのか。

それに森友は子弟教育で甘い汁を吸おうとした詐欺師夫婦の物語で大方が頷いている。１億８０００万円で国有地払い下げを受けたら、それとほぼ同額を国交省や大阪府などから騙し取った。大層計算高い詐欺師夫婦だ。

朝日がそれでもこの詐欺師夫婦を「籠池夫妻」と書き続けるのは、森友も加計もともに虚報と承知のうえでどこまで世間を欺けるか、白を黒と言い通せるか、反安倍の大勝負をかけているからだ。

今の状況を言えば、朝日の大博奕は失敗に終わりそうだ。かえって疑惑を創った朝日新聞のやりすぎが問題視され、政権の支持率は復調し、今度の選挙でも健闘が予想される。反安倍で食ってきた伊藤惇夫がもう日和《ひよ》っているのを見ても分かる。

宇野は朝日に明日があると思っておべんちゃらを使っているようだが、それは大間違いだ。朝日にいくら貰ったかは知らないが、あんな嘘を書いたつけは重い。そういえば顔も藤原彰に似てきたように見える。

米国の悪徳弁護士も驚いた韓国徴用工判決

ドイツは狡《ずる》い国だ。先の大戦では勝手にポーランドに攻め込み、ギリシャを落とし、さらにフランス、オランダも占領した。

ギリシャは国中が破壊されたうえ、中央銀行のカネも持ち出された。抵抗組織がドイツ兵を1人を殺すと報復に近隣の村人を何百人も並ばせ10人目ごとに1人を処刑していった。デシメイトという処刑法だ。

しかし戦争に負けると借金は踏み倒したまま、さんざやった残虐行為に対する戦時賠償交渉も一向に捗らなかった。なぜなら最も被害が大きく、かつ口うるさいフランス、オランダが黙ったままだったからだ。

実は両国ともヒットラーに言われるまでもなく喜んで国内のユダヤ人をそれぞれ2万人ずつも強制収容所に送ってその財産をせしめていた。

フランスの収容所は今のドゴール空港のそばのロワシに置かれ、戦時中はそこからアウシュビッツに直行する列車が運行されていた。オランダも似たようなもので、送り出した中にあの『アンネの日記』を書いたアンネ・フランクがいた。

つまり仏蘭ともその古傷ゆえに対独賠償交渉に消極的だった。

おまけにドイツも東西に分断されていたので、ギリシャなど小国は西独の言うまま、雀の涙ほどの賠償金で我慢させられてきた。

冷戦が終わり、東西ドイツが統一すると米クリントン金権政権の口利きで放置されてきた対ドイツの戦時賠償交渉が始められた。

ただ問題はあった。戦時賠償は国家対国家でやるのが形だ。そうするとあの戦争で最も大きな被害を受けたユダヤ系市民は国家を持たない以上、賠償交渉にも加われないことになる。

それでクリントンはロサンゼルスの弁護士ミルバーグとバリー・フィッシャーを米代表に加えてユダヤ市民の救済を図った。

彼らはユダヤ系市民がダイムラーやシーメンスなど独企業で強制労働させられ、企業はそれで大儲けしていたことに目を付けた。

企業も国家と並ぶ戦争犯罪の共同正犯だった。そうならば、被害者のユダヤ市民も当然賠償対象になるという論法だった。

かくて1999年2月、ドイツの政府と企業とが25億ドルずつ出資した「記憶・責任・未来」基金がつくられた。

バリー・フィッシャーはここで考えた。この論法は連合軍捕虜を使役した日本企業にも当てはまるのではないか。

で、まずマイク・ホンダに日本非難決議を出させ、カリフォルニア州議会上院議員トム・ヘイデンを使って「捕虜を強制労働させて儲けた日本企業」を訴えるヘイデン法をつくらせた。原告には元米兵のほか支那人も加わった。試算では三井物産1社からだけでも1兆円は取れると見込まれた。

しかし米連邦最高裁はまだまともだった。だいたい今ごろ作った法律で過去を裁くのは「法の不遡及《ふそきゅう》」に反する。おまけに日米間には条約で請求権を放棄している。米連邦裁判所はヘイデン法による訴えをすべて棄却した。

でもバリーは諦めなかった。まともな法治国家はだめだが、そうでない国ならこの手法は生かせる。彼は支那に飛んだ。

反日組織の「世界抗日戦争史実維護連合会」が飛びつき、外務省ＯＢの岡本行夫も日本人であることを忘れて理解を示した。

そして２０１６年、三菱マテリアルは岡本の立ち合いのもと、身に覚えのない不法行為を詫びさせられ、総額64億円を支払わされた。

バリーは韓国にも出かけた。そこで日本と韓国が戦争をしていないことを知った。それどころか日本にインフラから教育から人間らしい生活まで与えられてもいた。

さすがのバリーも韓国からの対日企業訴訟は無理と思ったが、この国はまともではなかった。

バリーの話に最初に乗ったのが韓国最高裁で「日本の植民地支配は不当な強制的占拠だった」（２０１２年）と認定した。

それに従えば石器時代に生きる民に「日本が職を与えて働かせたのは強制労働に当たる」ことになる。光州地裁はその理論に乗って先日、三菱重工は４人の元女工に４０００万円の賠償を払えと命じた。

あの国では頭がおかしいのは裁判官ばかりじゃあなかった。文在寅まで個人請求権は生きていると発言した。

バリーも大統領までまともでない国があったことに大いに驚き喜んでいる。

トランプのフェイクニュース発言で新聞も嘘をつくと知った

トランプが「新聞は嘘ばかり書いている」と断言したいわゆるフェイクニュース発言は日本人を大きく揺り動かしたのではないか。

日本人は新聞が嘘を書くなんてこれっぽっちも考えなかった。

だから朝日新聞が煙がもくもく立ちのぼる写真を掲げて「これが残忍な日本軍の毒ガス作戦だ」とやったとき、何の疑いも持たなかった。

ただ常識で考えれば毒ガスが空に昇って行ったらカラスしか殺せない。首を傾《かし》げたものの記事には一橋大学の藤原彰教授が「そうです。これが毒ガスです」と志村けんみたいにコメントしている。学者と新聞が一緒に嘘を言うはずもないと日本人は思ってしまう。

しかし産経新聞があれは煙幕と指摘して朝日が謝った。まあ間違いはだれにもあるとこのときは大目に見てやった。それが大きな大間違いだった。

朝日はそういう日本人のお人好しに付け込んで、馬鹿な学者を使い、好きにフェイクニュースを流すのが趣味だったのだ。

その最たるものが吉田清治を使った慰安婦強制連行の嘘だ。80年代に吉田清治の慰安婦強制連行第1弾を載せ、90年代には植村隆に慰安婦ものの第２弾を書かせ、さらに中大教授、吉見義明を使って「慰安婦に軍が関与」と語らせた。毒ガス報道と同じ、教授が嘘をつくとは思わない盲点を突いた。

かくて慰安婦が性奴隷にかわって動かしがたい史実になろうとした２０１２年11月、日本記者クラブの党首会談の席で朝日の星浩が慰安婦問題を首相としてどうするか安倍晋三に糺《ただ》した。安倍は答えた。「慰安婦はあなたの朝日新聞が吉田清治というペテン師の言葉を広めた」つまりフェイクニュースだと言った。

朝日は悪あがきの末、30年間もフェイクニュースを流し続けたことを渋々認め、２０１４年、記事の取り消しと木村伊量《きむらただかず》社長の首を差し出し、後任の渡辺雅隆は廃刊に追い込まないでと涙を流して命乞いをした。

安倍は許したが、渡辺の言葉は嘘だった。なぜなら部下の暴走を止めなかったからだ。

それで大阪の詐欺師、籠池や性犯罪者まで使って安倍追い落としを始めたが、そこで渡辺はハタと気づいた。安倍を潰しても次の次かに稲田朋美宰相が出てくる。

彼女は「百人斬り」訴訟の弁護士として朝日が大昔から「南京大虐殺」というフェイクニュースを流していたのを知っていた。

稲田朋美は「私は南京戦に絡む百人斬りに注目している」「朝日新聞にはもう一度精査をお願いしたい」（産経新聞「単刀直言」）と木村伊量が首を切られる少し前に語っていた。

安倍の期待通り彼女が女宰相になったとき、朝日新聞に「南京大虐殺は朝日新聞の本多勝一という詐話師が広めたフェイクですね」と問うのが目に見えている。

百人斬りをいったんは捏造ものと認めた毎日新聞は法廷で稲田弁護士に「新聞に真実を報道する義務はない」と答えている。

新聞が公然、嘘を流しても構わないんだと開き直る毎日の発言に「唖然とした」（産経新聞、2015年3月23日）と政調会長時代の稲田は感想を話している。

南京大虐殺は朝日新聞が戦後70年守ってきたGHQ謹製のフェイクニュースだ。慰安婦の嘘で200万部も落とした朝日新聞にすれば次に南京のフェイクが暴かれれば、ほとんど廃刊を意味する。

毎日新聞も同じ。女宰相は嘘を書くと公然と言い放った毎日の姿勢を糺すだろう。しかも同紙の記者浅海一男の書いた「百人斬り」の嘘で野田、向井の二将校が無実の罪で殺されている。

こちらも間違いなく廃刊になるだろう。

朝日と毎日が安倍下ろしの一方で俄《にわ》かに稲田朋美を叩き始めた。スーダンの日報問題とかピンヒールはいかがかとか。疑惑にもならないチンケな話を元外国人議員らに騒がせて、とうとう引き下ろしてしまった。

女宰相の目は消えたように見えるが、安倍が朝日をフェイクと断じて社長の首を取ったのは「もう目はない」と言われた時期を乗り切ってすぐのことだった。

同じように奇跡が起こらないとだれが断言できるだろう。そうなれば朝日の命運ももともと潰れそうな毎日の余命も今度こそ確実に尽きるだろう。

国を売らない三代目になるか？

河野一郎は知られた悪党だった。あまりの悪に野村秋介の義憤が彼の豪邸を燃やした。堤堯『昭和の三傑』（集英社）によればこのときその火事を吉田茂が大磯の自邸「海千山千楼」から手を叩いて見ていた。

訪ねてきた三木武夫が何ごとかと聞くと「悪党の家が燃えている」と楽しそうに答えた。

その河野一郎の葬儀に出た佐藤栄作が帰り道、妻寛子に「これで日本から悪い奴が一人いなくなった」（同）と言った。

息子の洋平はその悪い血を継いだ。洋平は若手の威勢のいいのを連れて自民党を飛び出し、新自由クラブを立ち上げた。

しかし親爺に似てケチで、一銭も金を出さなかった。資金集めは山口敏夫に押し付け、無理な金策の結果、山口はお縄を頂戴した。

洋平は知らんふりを決め込んで、自分だけさっさと自民党に舞い戻った。それでやったのが嘘にまみれた慰安婦の嘘を真実風に仕立てた河野談話だ。

愚かな韓国は今もこの談話を元に日本に因縁付け、嫌がらせを続ける。韓国と断交するとき、まだ生きていたら河野洋平をあっちに追放すればいい。

彼の悪業はそれにとどまらない。支那にも媚《こ》びる。それもただの媚び方じゃない。国際会議でバンコクに飛んだとき、天候不順につき乗機が台北に降りた。しかし洋平はターミナルで休むのを拒んで機内に閉じこもった。

翌日、乗機がバンコクに着くや洋平は支那の銭其琛《せんきしん》に駆け寄り、「ボク、台湾の土を踏まなかった」と伝えた。

彼はまた財界の反対を押し切って支那に新幹線の技術を移転させた。支那の「新幹線もどき」には匠《たくみ》の魂はない。代りに悪霊がつく。いつかまた死者が出る。

その洋平が肝臓を患ったとき、息子太郎が生体肝移植をし、洋平を生き残らせた。息子として父に自分のしでかした罪を見届けさせるためと言われる。

太郎はいま安倍の元で外相を務める。支那の王毅《おうき》に会ったとき「支那は大国ではない。せいぜい中国だ」と言った。王毅は「お前は屑の血を引いてないのか」と驚いた。

日本人は三代も屑が続くことは滅多にない。

日本の新聞論調は韓国に似てきてないか

朝日新聞の駒野剛編集委員が「沖縄返還を実現した」ことで「佐藤栄作がノーベル平和賞を受賞した」と書いていた。訂正もお詫びも出なかったが、これは大間違い。栄作は非核三原則で受賞している。

ただ無知な駒野が錯覚してもいいほど沖縄返還の意義は大きい。だいたい戦争で取られた領土は戦争で取り返すしかないことを歴史は教えている。

それを干戈《かんか》も交えず取り戻せた。ノーベル平和賞に十分値する快挙だった。

ただ駒野のコラムはそこからすぐに栄作を離れて馬鹿な毎日新聞の西山太吉に話が飛ぶ。

沖縄返還の裏で少なくとも400万ドルが日本政府から米国に渡っていた。

西山はそれを暴いたのに密約は否定され、罪に落とされた。国家権力は常に嘘つきだと駒野は結論する。

その言い分は馬鹿げている。領土を戦争でなくカネで買い戻したのは立派な外交成果だろうが。売買を秘密にしたのは米国への思いやりだ。

米国はあのときベトナム戦争もあって大きな財政赤字を抱えていた。沖縄県民80万人をただ食わせるのも大変だった。県民も悪かった。その少し前、ポール・キャラウェー高等弁務官は沖縄をグアムやハワイより豊かな所にしたいと資金を入れインフラ整備を図った。が、県民はみな翁長知事だった。医薬品は本土に横流しにし、資金は琉球両班《ヤンバン》で山分けし私腹を肥やした。

キャロウェーは彼らの腐敗の深さを知る。「沖縄の自治など神話だ」という弁務官の言葉がニクソンに「基地はそのまま県民だけ返還」いわゆる施政権返還に踏み切らせた。

西山はそういう事情が分かっていなかった。彼は外務省の女性事務官に接近し、酔わせて情交した。

ここまではともかく、その先がいけない。西山は夫ある女性の弱みをついて機密文書を十数回持ち出させた。この間の女性への対応は失礼そのもので、深夜、ホテルから埼玉に帰る彼女にタクシー代に500円しか渡さなかった。

もっと許せないのは新聞記者、西山はせっかくのネタを記事にしなかった。どころか社会党の横路孝弘のところに持ち込んで政局にしようとした。

おまけに彼はネタ元を守ろうともしなかった。女性の名が外に出て彼女は離婚する。ネタ元をばらす、迷惑をかけることは記者が絶対にやってはならない鉄則だ。彼は新聞記者の品性を汚したうえに、強欲で我《わ》が儘《まま》で思いやりのかけらもない。人間も失格だ。

そんな男を駒野のコラムは懸命に弁護し、国家権力がどうのこうの。日本にまるで北朝鮮みたいな国家権力があると言いたげな絵空事を並べる。無知でもいい、記者はまず勉強し、そして物ごとに正直になるがいい。

同じことはテレ朝の女記者の財務次官セクハラ事件にも言える。

彼女は何回か次官と相対で食事をしている。

これには予備知識がいる。まず役人はカネを払わない。たとえそれが同期の高校のクラス会でも払わない。ケチだ。加えて財務官僚はノーパンしゃぶしゃぶ事件以来、銀座ホステスとは縁がない。退庁後に宴席もないのだ。

その辺を見込んでテレビ局はきれいな女性記者を用意し、車付きで接待する。色仕掛けで何かぽろりいいネタが出てくるかもしれない。局側もさもしい。

女性記者は次官がエロ話を癖としているのを知っている。で、会ったが成果はなかった。でもエロ話はこっそりテープに取った。

そうやって隠し録音したのが番組で流せるネタだと思っていた。そしたら局が首を振った。当たり前だ。取材ルールに背く。

彼女はそれで週刊誌に売り込んだ。西山が野党に持ち込んで政局にしたのと同じ。何の良識もけじめもない。記者というにはあまりに軽薄で悪意がある。

彼女の行為をセクハラ告発の「#me too」になぞらえる連中がいる。

しかしセクハラはその発祥の米連邦公民権法で「職場で」と規定している。例えば上司が部下に性的発言をして「職場の環境を悪化させた」ことが要件なのだ。

男女さしで、しかもテレビ局側の接待の席で次官を上司に、お店を職場と規定するのは難しい。

麻生財務相は「セクハラ罪があるか」「何が構成要件か」を聞いた。それは正しい。財務相をひたすら感情論で責めたてる新聞の口吻《こうふん》はなんか韓国の新聞に似すぎていないか。

朝鮮半島とは「教えず」「助けず」「関わらず」がいい

米朝会談が間もなくあるとか。で、南北朝鮮のトップが会ったり、北と支那の要人も会ったり。でも日本はお呼びがかからない。「日本は蚊帳《かや》の外、安倍外交の失敗だ、このままでは孤立する」と福山哲郎が騒いでいる。

一方であんな国は関わらない方がいいという声もいや増している。あんなところは放っておけとも。

日本が最初にあの半島のトラブルに巻き込まれたのは白村江《はくすきのえ》の戦いだった。

百済が新羅にやられた、助けてくれとその遺臣が頼みにきた。

姜尚中と違って日本人は義理堅いから助けに行ってみたら唐の大軍が待っていた。あっちも新羅に頼まれて出てきて、結局、唐と日本が戦った。

半島は日本の脇腹に匕首《あいくち》のように突き出している。明治になって再び日本人は気になった。当時はそこに支那の傀儡《かいらい》みたいな李氏朝鮮がいる。我が国の安保上も問題だからと日本は李氏朝鮮に自主独立を促した。

朝鮮王朝は分裂し、それぞれが日本、支那を呼び込み、気づいたときは日本と支那が深刻に戦っていた。これが日清戦争だ。

日本はそれに勝って結んだ下関条約の第1条が「朝鮮の独立を認める」。世界に様々な戦争が起きたが、他国の独立を承認させるための戦争など過去に例がない。

そこまでしてやったのに独立朝鮮はロシアを自国に引き込み、対馬の真ん前の馬山浦にロシア海軍基地を提供した。

気が付いたとき日本は国運をかけ、世界最強のロシア陸軍と日本艦隊の4倍の規模を持つロシア海軍相手に日露戦争を戦う羽目に陥っていた。

この2つの戦争で日本が12万人の戦死者を出すが、それを仕掛けた当の朝鮮人たちは白村江と同じにその間、ずっと傍観を決め込んでいた。

今度の米朝会談を前に、ジョージタウン大のエリザベス・スタンリー准教授は「朝鮮人たちは気が付くと端役に回っている」のタイトルでニューヨーク・タイムズに寄稿し、他国を巻き込んではいつの間にか舞台中央から消える狡《ずる》い性格を指摘している。

その例に彼女が出しているのが昭和25年に始まった朝鮮戦争だ。

ソ連傀儡の金日成はスターリンの許可を貰って6月25日未明、38度線を一気に侵攻して、釜山に逃げた李承晩を日本海に追い落とす勢いだった。

米軍が出た。日本人の知恵もあって仁川逆上陸が成功して形勢は逆転。米軍は鴨緑江にまで達したが、今度は支那軍が出て結局、米対支那の戦いになった。

その間、朝鮮人たちはさっさと端役に回った。暇になった李承晩は李ラインを敷いて竹島を占領し328隻の日本漁船を拿捕、漁船員44人を殺し、約4000人を抑留した。狭い牢に20人も詰め込んで虐待し、それで死人も出ている。

李承晩は漁船員の釈放の条件として日本の刑務所に繋がれていた在日韓国人殺人犯など472人の犯罪者を釈放、日本の永住権を与えさせた。

戦争はよその国に任せ、自分たちは舞台裏で身勝手な国益追求をやる。スタンリー女史も「二つの朝鮮は同じ仕掛けを今、懸命に企んでいる」と見る。

朝鮮問題に深い造詣を持つ古田博司筑波大学教授は日本人は半島とは「教えず、助けず、関わらず」の「三べからず」を勧める。

実際、日本は半島と関わって被害ばかりを受けたが、関わらなかった時期、つまり朝鮮戦争のときは、李承晩ラインの被害を除けば、朝鮮特需だけでなく、米国の占領政策変更という大きな幸運にも恵まれた。

マッカーサーは日本が再び白人の脅威にならないよう、その工業水準を明治初期、つまり鍋《なべ》釜《かま》が作れるだけの時代に引き戻すデモンタージュ（工業生産力解体）政策を遂行していた。

それが戦後賠償使節団のエドウィン・ポーレーの役割で、第1期の重工業、航空機工業の解体が終わり、次の段階に入ったときにあの戦争が起きた。日本の兵站《へいたん》とその高い工業力抜きでは米軍は戦えなかった。日本デモンタージュは終わった。

福山は元祖国のために必死に日本を朝鮮問題に巻き込もうとする。しかし日本人は彼の言葉には乗らないだろう。だって歴史は何度も彼らと関わらない方がベストだと教えているから。

ケーニヒスベルクと北方領土の関係

大学のころカントを読んだ。読んで意味がまったく分からなかった。

だいたい哲学書というのは読解が難しい。というか、総じて哲学者は文章が下手だ。別けてもカントは下手さ加減が過ぎていた。

それでヘーゲルも苦悩し、悪い影響がマルクスにも及んでついには生まれてはならなかった共産主義を登場させてしまった。

それをどう思うか、本人に聞きたいと思っていたら、カントの生地「カリーニングラードに行かないか」と宮崎正弘が誘ってきた。

モンゴル学の泰斗、宮脇淳子、現代支那の研究家、福島香織らも同行するとか。いい機会だから大学以来の恨み言をいうために同行した。

ただそこは遠かった。モスクワまで10時間。さらに国内線に乗り換えて2時間、ロシアを越え、ベラルーシも越えたリトアニアとポーランドの狭間にその街はあった。

カントはここがハンザ同盟の海運都市ケーニヒスベルクとして栄えていたころ、この街で生まれ、その生涯を過ごした。難解な文章を書いて疲れると市内を流れるプレーゲル川を散策したという。

散策中、刃物を持った狂人に襲われたというエピソードがある。哲学者は猛る男に「今日は水曜日だ。屠殺の日は木曜日だ」と静かに言った。男は立ち去ったという。

この話を確かめたかったが、先の戦争でここを取ったスターリンはドイツ人すべてを追い出し、代わりにロシア人を入植させたため、そういう貴重な昔話を知る者はいなかった。

カントの墓に参って旅の目的は果たしたが、聞くところではドイツもずっとこの占領地の返還を要求してきたという。なぜなら元々ドイツ固有の領土で、ドイツ人が開き建設した城郭都市でありかつ目の前の海からは有名な白い琥珀《こはく》、ロイヤル・アンバーが採れる。

今、ドイツは日本を見守っている。もしロシアが北方四島を返したらドイツも本気で返還を騒ぎ出すつもりだ。プーチンでも抑えられない大騒ぎになる。

ということはロシアは北方四島を返す気はさらさらないということになるか。

第2部 アメリカほど悪辣な国家はない

日本は残虐なアメリカを映す鏡などではない

「日本人が残虐で残忍な民族であったことは明らかな事実だ」とヘレン・ミアーズは『アメリカの鏡・日本』の中でいう。

何を根拠にそう言い切るのか。彼女はマッカーサーが「米軍のレイテ上陸前、日本軍は2000人のフィリピン人集落を襲って子供に至るまで虐殺した。米軍が急行したが間に合わなかった」と語った事例を挙げている。

馬鹿をお言いでない。だいたいフィリピン人虐殺は米国の十八番《おはこ》ではないか。マッカーサーが上陸したレイテ島にしたって、その僅《わず》か40年前にマッカーサーの親爺アーサーが隣のサマール島といっしょに島民の皆殺しを指令したところだ。「ただし10歳以上に限る」と条件を付けたが、作戦終了後の報告書には「10歳以下は一人もいなかった」とある。米軍は赤ん坊も含め両方の島で10万人をみな殺しにした。

息子ダグラスの時代も同じ。日本軍が上陸すると聞いて米軍は泡を食ってバターン半島、さらにはコレヒドール島にまで逃げ落ちていった。

「私はバターン死の行進を歩まされた」と嘘の八百もついてきた米戦車隊員レスター・テニーが先日、鬼籍に入った。彼は自伝でこのバターン撤退の道々、「フィリピン人を見かけたらみな撃ち殺した。なぜなら我々には日本人とフィリピン人の区別がつかないからだ」「集落があると一軒ずつ戦車砲で破壊し、住んでいる者を皆殺しにしていった」と告白している。

対して日本はマニラに進駐してもフィリピン人の家を接収せずに競馬場に宿営した。戦争末期、米軍との決戦が迫るとマニラのサント・トーマス大学に抑留していた米民間人など3500人を解放し、米軍に引き渡した。

米軍はフィリピン人と日本軍だけになったマニラ市を無差別爆撃し、10万人を殺した。その後、マッカーサーはこの辺をすべて書き変えて「日本軍がマニラ市民を大虐殺した」と東京裁判で主張した。

ヘレン・ミアーズはまともだと言われるけれど、不勉強すぎて大きな間違いを犯した。インディアンを殺しつくし、黒人奴隷を使って恥じない。そんな国を映す鏡が日本であろうはずもない。

マッカーサーも日本に来て、その辺の嘘をどうするか悩んだ。小狡《こずる》い男が思いついたのは印象操作だ。朝日新聞を使って日本は残虐だったと言い募らせ、その一方で「米国は京都を守った」「米軍はハーバード大のラングドン・ウォーナーの文化財リストに従い、あの絨毯《じゅうたん》爆撃から京都を外したからだ」と尤《もっと》もらしく書かせた。

真実は京都が原爆投下の第一候補地で、投下地点も梅小路操車場上空と決まっていた。だから通常爆撃をやらなかっただけの話だ。

日本人はそんな嘘でもころり騙されて奈良や鎌倉までウォーナーのおかげですと顕彰碑を建てて「米国人はいい人」を信じた。米国人が支那人並みのあくどい嘘つきということを日本人は知らなかった。

そしたら当の嘘つき支那人がウチの学者、梁思成が米軍に働きかけ、奈良を爆撃から助けた。それを記念して梁の像を寄贈したいと言ってきた。

ただ相手が支那人で、間を取り持ったのがあちらの手先、平山郁夫だったからだれも信用しなかった。「白い支那人」は信じても「黄色い米国人」は信じない。日本人の白人崇拝をくっきり示した一例だ。

お色直しをした姫路城について神戸新聞が「姫路城が爆撃されなかったのは米軍の司令官が親切にも目標から外してくれたからだ」という突拍子もない記事を載せた。

米軍は終戦前の6月末と7月初め、計158機のB29が姫路を空襲して市街地の76％を焼き払い、514人の非戦闘員を焼き殺した。

許されざる悪行だ。

しかし姫路の天守閣は傷一つなく残された。きっと心ある米司令官がいて姫路城を爆撃しなかったのではと思う白人崇拝者がいた。彼は米側関係者を当たり、ついに当時のB29パイロットからそれらしい話を聞き出したという話だ。

それに対し当時の姫路歩兵第111連隊見習い士官が「米軍は焼夷弾を城めがけて山と降らせた。その1発が庇《ひさし》を破って窓から天守閣の最上階に突っ込んだ」と証言する。ただそれが幸運なことに不発弾だった。見習い士官は両手でそれを抱えて、外に捨てに行ったのが真相だった。

「白人に妙な幻想を抱くな」という見本のような話だ。彼らは文化財を砕いて喜ぶ支那人と同じ。ただ天祐《てんゆう》が姫路城を守った。それが事実だ。因《ちな》みにこの見習い士官はマッカーサーを崇める「九条の会」のメンバーでもある。よく意味が分からない人もいる。

民族淘汰を得意にする国に批判される筋合いはない

相手民族をみな殺しにすることをエスニック・クレンジング（民族浄化）という。クレンジングは化粧落としのクレンジングと同じ、さっぱり消し去るという意味だ。

その消し方のお手本をユダヤ人が旧約聖書に書いている。相手軍と戦って倒し、降伏した者も殺す。次に彼らの集落を襲って羊も家畜も略奪し、男は1歳の子供まで殺害する。彼らのタネを絶やすためで、人妻も殺すのはお腹にタネを宿している可能性があるからだ。

お腹の大きい女は当然、腹を裂いて胎児も殺す。そして「男を知らない処女は神がお前たち兵士に与えた贈り物だ」と「民数記」にある。女は単なる畑で、民族の遺伝子は持っていないと当時は考えられていた。

新約聖書のキリスト教徒もこの旧約聖書の教えを喜んで守り、相手を殺し処女を犯した。

ただ米国人は「相手戦士と戦って倒す」部分はカットした。シャイアン族を抹殺したサンドクリークの虐殺では戦士が狩りに出た留守を襲い、処女まで殺して性器を切り取った。タネではなく畑の方を潰すのが米国流の民族淘汰だった。

だからモンゴルに敗れたロシア人がみなアジア系のレーニン顔になったのに対して米国ではインディアン混血は希少で、アンジェリーナ・ジョリーくらいしかいない。

ちなみに広大な湿原に囲まれたミンスクはモンゴル騎馬兵が踏み込めず、結果、モンゴルの強姦を免れた。それが嬉しくて犯されなかった純潔のロシア人という意味の「白ロシア（ベラルーシ）」を国名にした。

支那も民族淘汰を得意とする。かつて支那を奴隷支配したモンゴル人にはあの文革の混乱時に大掛かりな民族淘汰をやった。モンゴル人指導者を捕まえ、大方を粛清した。

男たちは鉄のタガを頭に嵌《は》められた。それを締め上げ、頭蓋骨を砕いて殺した。女は性器を損壊した。「荒縄で剝き出しの股間をしごき、妊娠女性は素手で子宮から胎児を引き出された」（楊海英）

吐蕃（チベット）もやられた。人口調整を口実に若いチベット女性は不妊手術を強制された。英国のテレビ局「チャンネル4」は「麻酔もかけずに膣から卵管を引き出し、切除した」「妊婦は中絶を強制され、摘出された胎児が山のように積み重ねられていた」と。

満洲族は故国の満洲からウイグルに強制移住させられ、満洲語もその文字の使用も禁じられた。天安門の額に記された満洲文字を読める者は10人もいなくなった。

同じ支那人でも北京が好まない劉暁波も淘汰の対象にされた。政治犯は拘留されるとなぜかがんに罹り、治療は受けられないまま死んでいく。劉少奇も同じ死に方だった。

この目下進行中の支那の天人ともに許されざる悪行について国連にはそれを調査し、告発して北京政府に行いを改めさせる機関が用意されている。

国連人権理事会がそれで、その下にある自由権規約委はまさに劉暁波のようなケースを扱うための機関だ。同じく国連拷問委は支那がチベット人にやっている虐待を調べる特別報告者も抱えていて現地に行き、国連に報告すると同時に北京に勧告もできる。

同じく人種差別撤廃委もある。満洲人やウイグル人を無理やり郷土から引き離して満洲人をウルムチに、ウイグル人を瀋陽に移住させたケースはこの委員会のために用意された格好の事案になるはずだった。

人権理事会は表現の自由を含む人権を組織的に侵害された事案を扱う。国家権力を使って劉暁波の死を隠蔽したり、チベット女性に不妊手術を強制したりすればこの理事会が即座に対応できる。

しかし杉田水脈《すぎたみお》によれば、これらの委員会が目下集中してやっているのは支那の現状ではなかった。そっちには見向きもせず「慰安婦を時効で葬ってはならない」日本ケースだ。支那の国連次席大使、王民も委員会にきて「慰安婦は人道に対する罪」といった。支那人が人道を語って笑いを取っている場合か。

恨みも積もれば核並みの破壊力になる

国をまとめるのは結構、大変だ。ルーズベルトは真珠湾にこっそり仕掛けをして2500人同胞を殺させてやっと米国を一つにまとめた。シラクは南太平洋で何発も水爆を爆発させ、栄光のフランスを一瞬だけだがまとめた。

その点、韓国は安上がりで、朴槿恵《パククネ》も文在寅も日本への恨みを語って国をまとめた。反日を語れば、間違いなく政権支持率が急上昇するほど韓国民は反日ということを日本人は忘れてはならない。

詐欺師籠池と変態元次官前川某が騒ぎ出したのも恨みが発端だった。しかしここは韓国じゃないからそれだけでは立ち消えのはずだったのが、まず党勢衰退の民進党が自分の恨みを乗せ、さらには安倍首相に木村伊量のクビを取られた朝日新聞も恨みを積み上げて、結構な政局に仕立て上げてしまった。

今、原発が止まり、核燃料サイクルの中核となるもんじゅが潰され、再処理施設も廃止に向かっている。実はそれも原子力規制委員会委員長の田中俊一の個人的な恨みに根ざしている。

彼が委員長になった途端、原発がすぐに再稼働できないようにする「基本方針」が出され、商業発電炉のほか大学研究炉に至るまで止められてしまった。

おまけに原発所在地は10万年前まで遡《さかのぼ》って地下奥深くの断層を調べろとか、炉は40年で廃炉とか、再稼働をさせない関門を次々に出してきた。

とくに東電福島には偏執的な苛《いじ》めをやっている。汚染地域には毎日大量の地下水が流れ込むが、漁民の反対を口実にその地下水を流れ込ませないように要求した。ために地下水はサイトに流れ込んで汚染し、汚染水はどんどん膨れ上がっている。それでも田中は「東電が漁民と向き合っていない」とか苛めるだけ。自ら風評を立てるマスコミを説得するとか、漁民に説明するとかは一切なし。ただふんぞり返っている。

東北大出の彼は東海村の原研時代は東大卒の主流派に苛められた。以降、ただひがむだけの人生を送り、結果、原子力学者なのに反原発派に飛び込み、赤く染まっていった。

そこを菅直人に見込まれ、今は主流派がつくった動燃に意趣返しをし、原発潰しを楽しんでいるというわけだ。

その昔、石もて追われた菅直人が彼の背後霊みたいにくっついているように見える。みんな韓国人風になっていく……。

500年後まで騙そうとするアメリカの悪辣さ

米国は広島でウラン型原爆の最初の人体実験が大成功に終わったことを大喜びした。

これだけの破壊力を持つ爆弾を米国が独占保有している。トルーマンは笑いを堪《こら》えられなかった。

しかしウラン型の爆弾はウラン238の中に僅かに含まれるウラン235だけを純度100%まで分離しなければならない。

両者の違いは235が少し軽いだけ。それでドラム式洗濯機みたいな遠心分離装置を何千台もそろえてぶん回し、濃縮していく。それには莫大な電力と時間がかかる。

その点、ウラン238を黒鉛減速型原子炉で燃すだけで取れるプルトニウム239は安価だ。

それがウラン型爆弾と同等の爆発力を持てば、米国はごく手軽にそして大量に核兵器をもった世界の覇者になれる。

トルーマンはプルトニウム型も日本人の上で爆発させるよう指示した。長崎に落とされた爆弾は期待以上の爆発力を示した。トルーマンは再度、高笑いした。

米国は、抵抗を続ける日本に米軍が上陸すれば、米兵200万人が犠牲になる。それを避けるためにやむを得ず原爆を落としたと表向きは主張していた。トルーマンが二度も高笑いしたことは伏せた。

それでも非戦闘員ばかり20万人も殺した後ろめたさはある。トルーマンは500年後の世界に宛てたタイムカプセルをつくって広島原爆の記録映画を入れたが、そのナレーションには「広島に原爆を落とす前に三度も市民に警告した」と大嘘を語らせている。

カプセルに封印する前にこの広島原爆の記録映画を見る機会をもったオランダ人判事レーリンクは「500年後の世界まで騙そうとする米国人の性格の悪さ」を著書『東京裁判』で告発している。

そういう疚《やま》しさを感じるなら少しは反省しているかというととんでもない。終戦後、米政府は広島に原爆を投下したB29爆撃機「エノラ・ゲイ」をスミソニアン博物館に寄贈し、機体は分解されて油紙に包まれ、ワシントンDCの近郊メリーランド州のアンドリュース空軍基地に保管された。大統領専用機が置かれている基地だ。

そして原爆投下から50周年の1995年、首都の目抜き通りに復元したエノラ・ゲイをそっくり収容した巨大展示場を開設した。人々は一瞬にして日本人10万人を殺した原爆投下機の雄姿を惚《ほ》れぼれと鑑賞した。

70周年に当たる2015年にはオークリッジ、ロスアラモスなど原爆製造に関わった研究施設すべてを国立公園に指定し、再び祝杯を挙げた。

米国は原爆の威力宣伝も周到に準備していた。一つがハーマン・マラーへのノーベル賞工作だ。

マラーはテキサス大教員時代の1927年、猩々蝿《しょうじょうばえ》にX線を当てると面白いように奇形が生まれ、それが遺伝することも発見した。

遺伝子学界にセンセーションを起こしたが、猩々蝿以外の虫や小動物でX線照射をやっても奇形とかの異変は一切起こらなかった。

ずっとあとに猩々蝿だけは遺伝子が傷ついても修復する能力がないことが分かってくるが、その当時も「マラーの奇術」くらいに見られ、忘れ去られていった。

共産主義かぶれのマラーはソ連に移り住んだが、そこでも相手にされない。悄然《しょうぜん》、米国に戻ったら驚いたことに米政府は掌返《てのひらがえ》しで彼を歓迎し、マンハッタン計画の顧問の座まで与えてくれた。

そして原爆が広島に投下されるや、米政府はマラーが昔やった猩々蠅の実験を大々的に称賛し、翌46年のノーベル生理学・医学賞がマラーに授与された。

彼は「放射線を浴びると遺伝子が傷つき奇形が生まれ、遺伝する。それは人間も同じだ」と原爆の怖さを世界に向けて強調した。

マラー受賞を演出した米政府は国際放射線防護委員会（ＩＣＲＰ）にも働きかけ、マラーのデータをもとに人間の被曝量を年間１ミリシーベルトに定めさせた。それ以上浴びると奇形児がボンボン生まれ、それは遺伝していくという意味だ。

しかし、それはまったくの嘘で、猩々蠅とは違う人間はＩＣＲＰ基準の１０００倍までが許容範囲で、最近はそれくらい浴びた方が細胞活性化にいいことが分かってきた。

朝日新聞はそんな米国の悪意に目をつぶり、あまつさえ広島原爆の日の天声人語で「米国には良心ある学者がいて原爆に反対した」と逆にとてもいい国のように書く。

そのうえ米国の言いなりに放射線恐怖説を振りまき続ける。朝日は支那朝鮮だけでなく米国にも魂を売っている。

専門家ならいくらでも嘘をついていいのか

1994年2月、ロサンゼルス東部リバーサイドの病院で手術中の女性の血液から毒ガスが噴き出し、患者は死亡、医師ら6人が重度の後遺症を負う事件があった。

なぜか核及び生物化学兵器を専門とする米エネルギー省ローレンス・リバモア研究所が真相解明の手伝いに出てきて女性患者がサルファ剤系の鎮痛薬を飲んでいたこと、搬送中の救急へリの中で高濃度の酸素吸入を受けたことから「体内で鎮痛薬成分が化学変化を起こして有毒ガス化した」と結論付けた。

そのあと松本市でサリンが撒かれ8人が死んだ。日本には化学兵器研究所はないが代わって神奈川大の常石敬一教授が出てきて農薬が池に流れ込み化学変化して毒ガスになったともっともらしい嘘を並べた。それで無実の人が疑われる冤罪騒ぎを引き起こした。

それから数年、茨城県神栖町の井戸から高濃度のヒ素が出た。常石教授が再び出てきて「旧日本軍の毒ガスと同じ成分」といった。

日本軍はかくも残酷だったと主張する朝日新聞。でもこれまでは支那人、朝鮮人の嘘つきの証言ばかりで何の物証も出てこなかった。そこに常石教授の託宣だ。

朝日は喜ぶまいことか。記者とカメラマンを総動員して環境省にヒ素をトレースさせて朝日新聞記者らが見つめる中、ショベルカーが掘り出したのがコンクリートで密閉した物体。「日本軍は鬼」と号外まで用意して解体させたら出てきたのは産廃とサントリーコーヒーの空き缶。製造年月日は1993年だった。朝日の落胆は笑えるほどだった。

その嘘つき常石がまた出てきた。今度は満洲の731部隊の話。この部隊がナチのメンゲレ医師そこのけの残忍な人体実験をやったと言う。

なぜ戦犯を免れたのか。それは人道国家米国が自分にはできない残酷な人体実験のデータと交換に部隊を免訴したと常石は言う。

しかしそれはヘンだ。だいたい米国は人道国家じゃない。第二次大戦中、グアテマラで人体実験をやって何十人も殺し、同じく国際条約で禁止された毒ガス兵器をイタリアの港に持ち込み、多数の死者を出すジョン・ハーヴェイ号事件まで起こした。グアテマラ事件ではオバマが謝罪もしている。

おまけにイ・イ戦争ではイラクに毒ガス弾製造施設も提供していた。人道とは最も遠いところにいる国が米国だ。

それにもし「731部隊が3000人の支那人を人体実験で殺した」のが事実なら「日本軍は残酷」を証明する最高の証拠だ。何も支那人や朝鮮人を使って南京大虐殺とか万人坑とか嘘を捏《こ》ねる必要もない。

しかし常石にそういう知恵はない。ひたすら日本軍は悪いと決めてかかる。今度の731部隊疑惑というのは同部隊所属の軍医が京大に提出した「猿を使ったペスト菌感染」論文を挙げる。

同論文では「猿が頭痛に苦しむ」という表現がある。猿は頭痛を訴えない。それは「実験体が猿でなく人間を使った実験の証拠」という。

犬猫を飼った人なら犬猫の気持ちはすぐ分かる。猿が頭痛に苦しむくらいは分かりそうなものだが、常石には分からない。

かくて再び常石旋風かと思われたが、過去のいい加減さが響いたのか朝日もその他各紙もまともに相手はしない。せいぜいが京都版の隅でお茶を濁していた。

ただ学者仲間は馬鹿が多い。滋賀大や関大などの先生がこの常石の話を根拠に「満洲第731部隊軍医将校の学位授与の検証を京大に求める会」をつくり、調査を求めるという。

これを足掛かりに「日本軍は残酷」の嘘をまた蒸し返したいらしい。学者ならどんな嘘を繰り返してもいいなんてだれも認めていない。日本の知性の貧困を改めて感じさせる地方ニュースだ。

安倍が憎ければ何を言っても許されるのか

自身は国から6億円もの研究費を貰って蕩尽《とうじん》する法政大教授山口二郎は宰相の安倍晋三を全く評価しない。「お前は人間じゃない。叩き切ってやる」と育ちの悪さを露呈する罵声を浴びせる。

しかし安倍治世は悪くはない。就職率は最高だし企業収益も上がりベアも4年連続して順調だ。

そういうとき馬鹿な労組が「もっと賃上げしろ」と騒ぐのが恒例で今回も枝野幸男に近いJR東労組が非常識な額を示してストライキをちらつかせた。

そしたら途端に組合員の過半が脱退した。前代未聞の出来事だ。

外交もいい。豪州では信頼できる政治家ランクの2位に安倍首相が入り、米大統領は19秒も手を握り続けた。権柄ずくの支那が珍しく頭を下げてスワップを頼みにもきた。「いや支那朝鮮は相手にしていないんで」という本音を露骨に言わないところがまた奥床しい。

しかし朝日新聞はアベノミクスは失敗だとまだ馬鹿を言う。朝日は慰安婦から「モリ・カケ」まで嘘ばかり書いて部数が激減し、令和元年から平均160万円減給になる。自業自得なのに安倍が悪いとまた嘘を書く。

そんな短慮な一団が安倍の都知事選応援演説を妨害した。「こんな（違法行為をやる）人たちに負けない」と安倍が返すと、その一言を朝日が心から喜んだ。

曲解すれば「意見の異なる者には耳を貸さない」ととれるじゃないか。で、論説主幹の根本清樹が社説にそう書き、汚穢語《おわいご》しか書けない高橋純子はコラムで罵った。

以後、朝日は「こんな人たち」をあっちこっちで使い回す。そうすれば安倍政権の実績を相殺してお釣りがくると思いこんでいる。

そんな「人たち」を理路整然と糺してきたもう一人が杉田水脈だ。福島瑞穂の亭主が支那朝鮮と組んで日本に濡れ衣を着せてきた国連人権理事会に乗り込み、その嘘を初めて叩いた。さらには山口二郎や在日の教授に際限なく振る舞われる科研費の不明朗な使い途《みち》も糺してきた。

何とも煙たい彼女が月刊誌で「生産性のないＬＧＢＴ」とやった。曲解できる一言に山口も朝日も飛びついた。さあ、揚げ足を取れ。これで科研費の疚《やま》しさも国連人権理事会の嘘も帳消しにできると考える。

その姑息《こそく》さ。見ているだけでも恥ずかしい。

危険な兵器を平気で使うアメリカの怖さ

トランプはアメリカ・ファースト。世界で何が起きようと「我関せず焉《えん》」と言われた。だから習近平はもう勝手し放題だとはしゃいでいると支那通は言っていた。

でも実際は違った。シリアが毒ガス兵器を使った、双子の赤ちゃんが死んだと聞いたらトランプはやっちまえと即座に巡航ミサイルを59発も撃ち込んだ。

北朝鮮のサイコパスだって同じだ。いい気になって核実験はやるわミサイルは撃つわ。「米国を火の海にしてやる」と息巻いていた。

面白い。お前もアサドと同じだ。レッドラインを踏み越えたらこっちも即座にやるぜと言った。

本気を証明するように原子力空母カール・ビンソンが朝鮮半島海域を遊弋《ゆうよく》する。でも金正恩は地下7階にしのぶという。どう斬首するのか。

その答えはこれ、と火薬量8・5トンの「すべての爆弾の母（MOAB）」を披露した。それをアフガン・ジャララバードに落として見せた。

直径3キロの円内はみんな高熱爆風で吹っ飛んでしまい、地下深く塹壕にいたイスラム国戦士90人がぶっ潰された。

モアブは地下5階くらいまで圧し潰す。サイコパスがもっと深いところに潜んでいても同じくアフガンで使ったバンカーバスターが投下される。モアブとの組み合わせなら地下15階でも行ける。金正恩には逃げ場はない。

ちなみにモアブは総重量10トン。空母発着の戦闘機には積めない。横田基地からC130クラスの輸送機で運んで平壌上空で落っことすことになる。彼はアメリカだけに拘《かかずら》わっているワケじゃない。ちょっとでも絡んでくれば即座に二丁拳銃を抜く。

トランプはとてもいい人にも見えるが、さてそれはどうか。

彼が正義の人を演じたシリア爆撃にしても見方は様々だ。

だいたい「毒ガスといえば米国」なのだ。第一次大戦で米国が参戦した途端、毒ガスは何万トンも使われ、元祖ドイツ以下欧州諸国は米国の狂気に恐怖した。

で、みんなで毒ガスを使用禁止にしたが第二次大戦でも米国は欧州に毒ガスを勝手に持ち込んだ。ただ独軍機の空爆で漏出し、米軍兵士だけで83人が死んだ。ジョン・ハーヴェイ号事件として知られる。

さらに１９８０年代のイラン・イラク戦争ではイラクにサリンを含む「毒ガス弾の製造プラントを西独経由で供与、バグダード南のスワイラに建設された」（２０１４年1月16日ニューヨーク・タイムズ国際版）。

ブッシュ息子がイラク戦争開戦理由に「サダムは大量破壊兵器を持っている」と写真もつけて自信満々に言ってのけた理由はここにある。

サダム・フセインは米国の狡さを知っている。さっさと米国寄贈の毒ガスプラントを壊し、毒ガス弾も埋めてしまった。大量破壊兵器は見つからなかった。

ところがサダムの処刑後、イスラム国や反アサド派がそれを掘り出して使い始めた。「米国印が出回るのはやばいと08年から米軍の穴掘り部隊が出て毒ガス弾処理をした」（同紙）というわけだ。

この反アサド派はヒラリーが生み出した鬼っ子だ。ヒラリーはオバマの国務長官時代、イスラム世界の啓蒙君主チュニジアのベン・アリに始まってエジプトのムバラク、リビアのカダフィを「アラブの春」の名で粛清していった。

カダフィを葬ったあと、ヒラリーは最後の標的シリアのバシャール・アサドを倒しにかかった。駐リビア米大使C・スティーブンスにアレッポの反アサド派に武器弾薬を送るよう指示したが、そのさなかに大使はイスラム過激派に襲撃されて殺されてしまった。2012年の世に言うベンガジ事件だ。

これがヒラリーの命取りになって大統領選に敗退するが、問題は彼女が支援してきた反アサド派だ。トランプはロシアと妥協してアサドの存続を決めた。

梯子を外された反アサド派はまだかなり掘り出しものの毒ガス弾を持っている。このままおめおめと消されてたまるか、米国製毒ガス弾の存在とアラブの春の舞台裏を暴露してやるぞと脅しをかけていた。

それが分かっていてアサドが使うはずもない毒ガス兵器を使ったとトランプがここで言ったのはなぜか。案外、シリアも含めて関係者が集まって創った「支那・北朝鮮威圧目的の戦争ごっこ」というデモンストレーションの可能性もある。

記者たちの品性下劣のせいで本音会見がなくなった

社会部記者だったころ、政治部記者に紛れて首相番まがいをやった。

朝早く首相の私邸に行く。朝駆けという。こちらはよれよれ背広だが、政治部はみないい仕立ての背広に身を包む。社会部はネクタイを常時緩めているが、政治部はピシッと決めたまま。簡単な朝食も出る。社会部はお代わりしても政治部は箸もつけないで、首相とコーヒー越しに政局を語る。

野党が分裂するとか具体名を挙げたすごい話が出ても政治部はメモも取らない。信頼があって初めてできる本音の会見だった。

やがて首相が官邸に行き、ときに公式の記者会見がある。こちらの会見にはテレビも入る。語られる内容には本音のホの字も出てこない。

記者会見はずっとその表と裏の二本立てだった。それは社会部でも経済部でも同じ。本音で語れる会見に参加するには関連部局の取材や夜討ち朝駆けの積み重ねをしてやっと認めてもらえた記者だけが参加できる。

その鉄壁のルールが崩れたのは村山富市のころだった。総務長官江藤隆美はオフレコ会見、つまり本音会見で「日韓併合は強制じゃあない」「日本はいいこともした」と言った。朝日新聞が即韓国にリークした。卑劣なご注進報道だ。

村山富市は阪神・淡路大震災の初動を半日も放ったらかした。ために6400人が死んだ。首相の器ではなかった。防衛施設庁長官宝珠山昇が「村山は頭が悪い」とオフレコ会見で言ったら、それを東京放送記者が裏切った。

辺野古移転決定を前に防衛省幹部と記者団がオフレコを条件に居酒屋で会見した。琉球新報がそれを破った。政府の本音は県民に伝える義務があるとか、利いた風な言い訳を公然とやった。

記者の屑というより人間の屑だ。それ以来、本音会見は消えていった。

同じころ、記者クラブ独占の記者会見はおかしいという利いた風な論が飛び出し、反日で食う外人記者やらフリーターみたいなのが記者を名乗って会見場に入ってきた。

彼らのデビュー戦は東電福島の会見だった。事故原因は一に製造メーカーの米GE社にあるが、俄《にわ》か記者どもはGEが何かも知らない。ただ目の前の東電職員を虐めるのが取材だと思っている。

朝日が「プルトニウムが検出された」と書いた。俄か記者は東電攻撃で大騒ぎだ。それが支那の核実験のフォールアウトと聞かされても無知の悲しさ。「東電にも責任はある」とかやっていた。

挙句は高速増殖炉もんじゅの事故を例に広報担当者に「お前も自殺するのか」とヤジる。下品で無知な記者の会見は連日続いた。

その東電原発事故で自主避難した3万人への住宅無償提供が先日、打ち切られた。

もともと基準の1ミリシーベルト自体がいい加減なのに朝日が風評を煽った結果の自主避難だ。責任は似非《えせ》ジャーナリズムの方にある。そんな一人、西中某が入場無制限の記者会見場で今村復興相に噛みついた。

討論の場ではない、後ほど大臣室でという復興相の言を無視し、挑発を続けて怒らせた。こんなレベルの記者会見に付き合わされる閣僚もつらかろう。

記者の品質を落とした西中某の名はどこの新聞や雑誌でも見たことはなかった。聞けばブログが発信源で、主張は「国会に慰安婦像を建てろ」だとか。

そんな男のやり取りを聞いていたら、国会の委員会質疑とそっくりなのに気が付いた。

質問するより、自分がテレビに映るのが嬉しい。質問するより相手を怒らせ、騒ぎにしたい。

悪い辻元は守っても良い安倍昭恵は虐めたい。

記者会見はいつの間にか予算委員会化していた。今どきの記者の手本が不勉強議員では日本の先が思いやられる。

民意より華夷秩序を重んじてきた日本政治がようやく変わる

昔は民意など通らないのが当たり前だった。

尖閣で巡視船に体当たりをかました酔っ払い支那人船長がいた。支那の船は没収、目の飛び出る罰金を科して都内引き回しの上、百叩きにしろと民意は思った。

しかし華夷秩序を重んじる仙谷由人はすぐ船長の放免を命じ、支那漁船の体当たり映像も隠し、船も洗って返した。民意は一顧だにされなかった。

不法入国したフィリピン人夫婦と娘のカルデロンのり子が国外退去処分になった。でものり子は日本語しか話せないと両親が哀訴して娘だけは居残りＯＫになった。

新聞がいい話だと書き立てたけれど「国の敷居は高くなくちゃいけない」「タガログ語なんぞはフィリピン人でも喋《しゃべ》れる易しい言葉だ」と民意は腹を立てた。のり子には法の遵守を教えて送り返すべきだった。

そんな仙谷時代が終わった途端、フィリピンからの不法入国者が一人、二人じゃない、80人だかがチャーター機でまとめて送り返されたというニュースが流れた。民意がいきなり尊重された。

文科省の役人が「聖徳太子はいなかった」「厩戸王にしろ」と決めた。

根拠は自称、歴史学者大山誠一が「聖徳太子は藤原不比等らが創作した人物」だとNHKから出した本にあった。

大山は「歴史学会からはとくに反論がないから定着した学説になった」と自己宣伝した。詐欺師とか左翼とかサの字がつく連中はとかく口がうまい。文科省役人はその売り込みを鵜呑みにした。

実際は田中英道らまともな歴史学者が聖徳太子の存在を裏付ける証拠を次々出し、大山の妄想をたしなめている。

日本は支那みたいに歴史を捏造しない。支那の真似もしない。だいたいNHKは吉田清治の話をもとにした番組を流していたところだ。

最近も北朝鮮宣伝部の「朝日友好親善協会」を「アサヒ友好……」と午後7時のニュースで

やっていた。ＮＨＫは一番信用できないと民意は思っていた。

そんなＮＨＫ本を根拠に日本史から聖徳太子が消えるかと民意が心配したら文科省が厩戸王を引っ込めた。民意がまた通った。

民意は今、韓国人のノービザを嫌がっている。彼らをノービザにした途端、全国の神社仏閣が荒らされ、仏像が盗まれ、油で汚され、吉田邸は放火された。在日の指紋押捺もやめたらその四カ月後に世田谷で一家四人殺しが起きた。

まず韓国人のビザを復活し、特別永住者を含め犯罪人を追放したい。その次は支那人の入国を禁止したいと民意は思っている。

アメリカに言われて態度をコロリと変える日本マスコミ

日本の新聞報道、とくに国際報道は全くと言っていいほど自主性はない。なんでも米紙に倣う。

レーガンが大統領になったとき、日本の新聞は最初リーガンと表記した。しかし「米国人はレーガンと発音する」と知って各社に激震が走った。米国人は神さまだ。神さまはレーガンとお読みになる。何を躊躇《ためら》うのか。各紙は一斉にレーガンに切り替えた。

レーガンはロスのベルエア666番地に住む。その玄関のインターフォンを鳴らして「レーガンさんはご在宅ですか」と訪ねる日本人などいない。だからレーでもリーでも構わないのに。日本の新聞はそんなことで大騒ぎしてきた。

日本の新聞は支那の鄧小平も江沢民も音読みで済ましてきた。ところが米紙が習近平をシージーピンと書いた。白人崇拝なのか朝日新聞は急ぎ習にシージーピンとルビを振った。日本人の9割9分は習近平に会う気もないからシューキンペーで十分だと思っている。

名前の読みですらここまで米国につき従う。何か事件が起きたら、その評価も米国に盲従してきた。

例えば1990年代、ペルー大統領フジモリが軍を動かしてクーデターを起こした。世に「大統領のクーデター」として知られる。

それまでのペルーはスペイン系白人のためにあった。彼らは、上下両院の議席を独占し、お手盛り歳費とべらぼうな年金を享受していた。役所は白人たちの縁故採用の公務員であふれ、予算はほぼ公務員人件費で消えていった。

そんな政府だから治安はゼロだった。共産ゲリラ、センデロルミノソが毛沢東の手法に倣って地方の村々を襲っては村長を処刑して革命税を取った。10年間の跋扈《ばっこ》で3万人が殺され、数千の女が拉致され、革命戦士の性奴隷にされていた。

フジモリはまず頭目グスマンを捕まえてゲリラを掃討し、治安を回復した。次に「大統領のクーデター」で非常大権を握って、上下二院制を一院制にし、議員定数を5分の1のたった1

００人にまで削った。無駄な役人にも大鉈《おおなた》をふるい３５００人の文部省職員を５００人にした。その削減人件費で毎週１校ずつ学校を作っていった。

大した辣腕《らつわん》だ。日本でもやってほしいと思ったものだが、日本の新聞は米国の評価を優先する。評価はマイケル・シフター・ジョージタウン大教授（当時）が下した。「フジモリはペルーに根付いた民主主義を根底から覆した」と。

白人専横国家を民主主義社会とはよく言えたものだが、シフターは今も中南米問題の権威あるシンクタンク「ＩＡＤ」の会長サマだ。日本の新聞論調はこれで徹底した反フジモリと決まった。

中南米は米国の裏庭だ。気に食わなければパナマのように米軍が侵攻してトップを挿《す》げ替える。

だからフジモリも結局は潰され、獄に繋がれた。共産ゲリラ掃討の際に民間人何人かを巻き添えで死傷させたという訴因だった。

ただペルーの人口の過半を占めるメスチソはフジモリに絶大な支持を寄せていた。それで彼の娘も息子も政界に乗り出せ、時の政権と交渉して２０１７年末、フジモリの恩赦を実現した。

彼は病に侵され獄死寸前だった。

この恩赦の報に米紙はあからさまな非難を浴びせた。「ペルーは法治国家ではない」とニューヨーク・タイムズが報じ、「恩赦はゲリラ掃討の巻き添え犠牲者を裏切る行為」と国連人権委に語らせている。

しかしそういう米国防総省にはＮＣＶ（Noncombatant and Civilian casualty Cutoff Value）基準がある。作戦遂行で民間人を何人まで巻き添え殺害していいかの尺度のことだ。対イラク戦、ＩＳ退治では一作戦ごとに民間人は50人まで殺して構わなかったと言われる。

米国は軍人少々に民間人20万人のヒロシマに平気で原爆を落とした。民間人殺害なんて当たり前だった。

でもフジモリが不慮の民間人犠牲を出したら徹底非難してくる。これではマイケル・シフターと同じ人種差別論と何の変わりもない。

フジモリは法廷で「王は悪を為さず」いわゆる無答責の特権を語らなかった。恩赦が出たあと支持者の一人が「部下の罪まで一人で背負って黙って刑に服した。最高の人物だ」と語ったと産経新聞特派員電が伝えていた。

米国はいつまでも人種にこだわって因縁つけるのはやめたほうがいい。裏庭のご主人様にふさわしい態度とは言えない。日本の新聞も白人様の意向にすがらず、たまには己の判断で記事を書く努力をしてみたらどうか。

日本人が何を食おうと余計なお世話

でもなぜ米国はフジモリをそこまで嫌うのか。理由は簡単だ。彼が日本人で、その日本には先の戦争で拭《ぬぐ》い難い恨みがあるからだ。

あのとき米国は真珠湾を囮《おとり》に日本人を引っかけて戦争に持ち込んだ。あとは「3カ月で日本を叩き潰す」（フーバー回顧録）とノックス海軍長官が予定を語っていた。チャーチルも真珠湾の一報に「これで日本は粉微塵《こなみじん》にされる」と日記に書いた。ノックスと同じに日本はすぐ潰されて舞台から消え去るちょい役と信じていた。

事実は違った。日本は嵌められたはずの真珠湾で彼らの予定にはなかった大戦果をあげた。そこにいた5隻の戦艦は全艦沈められるか大破された。米太平洋艦隊を完全に破砕して舞台中央に残った。さらにプリンス・オブ・ウェールズを葬り、インド洋の連合軍艦隊も沈め、シンガポールも落とした。3カ月どころか3年かかっても日本を潰せなかった。その3年間に日本は欧米の植民地を次々解放し、抵抗することを教えた。

ために欧州諸国は彼らの大事な財源だった植民地を失ってみな貧乏国に立ち戻らされた。米国は原爆という非道で勝ちを得たものの欧州諸国からは大ぼら吹きの役立たずと罵られた。

でも考えてみればルーズベルトは間抜けであったとしても白人の目論見を狂わせ、アジアの植民地を勝手に解放した日本が一番許し難い。すべて日本が悪いということで欧米諸国は思いを一にした。

彼らは支那も朝鮮も嫌いだが、それは生理的なだけで、日本への嫌悪とは質を異にしていた。だから悉《ことごと》く日本に当たる。米国は潤滑油の合成ができた途端、日本に捕鯨をやめろと叫び、それに白人国家群が唱和した。支那韓国は白人に媚びて輪に加わった。

ポール・マッカートニーは鯨は人間の友だと言って日本人は人肉食いと罵った。エルトン・ジョンは日本公演をキャンセルした。

しかし日本人は気にしないで尾の身や鯨ベーコンを楽しんだ。

彼らは次にフカヒレを問題にした。支那のペニンシュラホテルは吃驚《びっくり》して即座にフカヒレをメニューから消したが、日本人は誰に遠慮するでなし、おいしいフカヒレを楽しんでいる。

我関せず焉《えん》とするその態度も気に食わないとWHOのダグラス・ベッチャーは「東京五輪を前にして日本は受動喫煙対策の普及ランクで最下位だ」と失格宣言した。

日本はこれも無視した。カソリック修道院でもあるまいし、少数派にも優しい分煙を考えている。客室面積150平方メートル以下ならOKという方向にある。

こういう日本憎しの発言に、いちいちご尤もと頷き、支那人と同じに白人の言う通りにしろといってきたのが朝日新聞の根本清樹論説主幹だ。

ベッチャー発言には早速「五輪に灯る黄信号」の社説を掲げて「最近五輪をやった白人国家はみな屋内全面禁煙を法制化した」と白人崇拝を押し付けた。

米国が音頭を取る捕鯨問題も同じ。社説で「国際的な批判を無視するのか」と日本がまるで世界を敵に回しているような言い方だが、よく見てみるがいい。支那も含めて反捕鯨国は先の戦争の連合国軍だ。

今は鯨が増えすぎ、逆に漁業資源が危ない。「ミンク鯨は海のゴキブリ」論は正論だ。それを語らず、朝日は「鯨を食べなくともほかに食べるものがあるだろう」と社説で言う。日本人が何を食おうと余計なお世話だ。そこまで卑屈になる必要があるのか。

折も折、日本人を「非キリスト教徒で野蛮で残忍」に仕立てた「ザ・コーヴ」の欺瞞《ぎまん》を暴く八木景子のドキュメンタリー「ビハインド・ザ・コーヴ」がロンドンの映画祭で監督賞を受賞した。

日本人への単なる偏見じゃない。日本人を悪意で貶《おとし》めようとする意図をこのドキュメンタリーは浮き出させている。その根っこに先の戦争にまで遡る彼らの深い恨みがあることを十分に納得させてくれる作品だ。

仏植民地軍も裸足で逃げ出すほど残虐だった光州事件

英国は阿片戦争に勝つと阿片をどんどん送り込んで暴利を上げた。米国のラッセル商会のウォーレン・デラノは犯罪組織、紅幇《ホンパン》と渡りをつけて阿片の売り上げを伸ばした。フランクリン・ルーズベルトの岳父に当たる人物だ。

英米がそうやって支那相手にボロ儲けするのを羨ましく思ったフランスは阿片の売り捌き場所にベトナムを選んだ。それで清に戦争を吹っ掛け、1885年、天津条約で首尾よく植民地にすると、ベトナムの主要都市にまず刑務所を建設し、本国から刑務所の数だけギロチン台を送り込んだ。

そのうえで町村ごとに阿片の専売店レジ・オピオムを置いて家族ごとに阿片を割り当てて売りつけた。その25年後に阿片禁止のハーグ条約が締結されたが、英米仏は協力して植民地についてはその適用を留保ができた。

さらに10年後に国際連盟が成立した。その規約22条に「いまだ自立できない植民地の人々の福祉、発達を促すことは文明国の神聖な使命だ」とある。

フランスはその福祉、発達のための財源として人頭税、阿片専売に加えて新たに結婚税、出産税、葬式税、移動税を設けた。

中でも葬式税は意味があった。仏女性ジャーナリスト、アンドレイ・ビオリスの『インドシナＳＯＳ』には地方都市ビンで過酷な課税に人々が立って抗議デモを展開した顚末が紹介されている。

数百人のデモに仏軍は即座に戦闘機デボアチンを飛ばし、デモ隊に向けて機銃掃射を浴びせた。

「死んでも葬式税が入るから殺すのに躊躇《ためら》いはなかった」と。

相手が黄色い人種だとフランス人はここまでやるかと驚いたものだが、先日、全斗煥《チョンドファン》大統領時代の光州事件について韓国国防省が「40機のヘリが出動し丸腰の市民に無差別の銃撃を加えた虐殺だった」と発表した。

全羅道はあの国の中では差別されているとはいえ同じ韓国人だ。それなのにフランス植民地軍も裸足で逃げ出しそうな大虐殺をやってのける。

北の斬首作戦が近い。ヨーコ・ワトキンズの『竹林はるか遠く』の例もある。在韓の日本人が虐殺も強姦もされずに逃げ帰れるなんて甘く考えない方がいい。

知財泥棒は支那中国の専売特許ではない

日本軍はハワイ真珠湾の攻撃と同時にマレー半島コタバルに攻め入り、そこから１１００キロ南のシンガポールまでわずか55日間で駆け抜けている。

待ち伏せる英印軍や支那人ゲリラをやっつけながら１日20キロペースで進軍した計算だ。途中には英司令官パーシバルが「３カ月はもつ」と自慢したジットラ要塞もあったが、日本軍は一晩で片づけてしまった。

疾風の日本軍がクアラルンプールを過ぎたころには英軍がその盾に使っていたインド軍４万が消えてなくなった。パーシバルが急いでインドから呼び寄せた２個旅団もジョホールバルの手前の丘で砕けて散った。

盾になるインド人がいなくなって英軍8万は日本軍がシンガポールに上陸すると即座に降伏した。

過去、英国最大の屈辱とされたのは7000人の捕虜を出した米仏軍とのヨークタウンの戦いだった。シンガポールの陥落はそれを11倍もしのぐ超弩級《ちょうどきゅう》の屈辱となった。

この戦いで日本軍がまだ持っていなかった電探（レーダー）2基を無傷で鹵獲《ろかく》した。早速構造を調べたものの「YAGI」と表示されたシステムの意味が分からない。

捕虜を尋問すると「お宅の八木さんのつくったアンテナのことさ」だと。調べたら確かに東北帝大の八木秀次教授が指向性超短波の受信装置をつくり日英米の特許も取っていた。

特許局に問い合わせたら「無意味につき」特許を少し前に取り消したという返事だった。

永野修身軍令部総長は急ぎ八木を内閣技術院総裁に座らせたけれど時すでに遅かった。

特許局は今どきの内閣法制局に似て「日本の敵」風に見えるが、実際、その通りだった。八木の遠い教え子に当たる東北大教授の西澤潤一の足も引っ張っていた。

西澤は八木の言葉「光も通信に使え」をヒントに東京五輪の年、たった20メートルながら光ファイバー通信を成功させていた。

しかし特許庁はその特許申請を因縁つけて受理しなかった。西澤はその後20回も申請し続けたが、特許庁も頑なに拒み続けた。

その間に西澤の研究を知る米国籍の支那人チャールズ・カオがコピペした光ファイバー理論を発表し、米企業コーニングの支持もあってノーベル物理学賞が与えられた。

コーニングはそのカオ方式で特許を取った。一方、住友電工は西澤理論で光ファイバーを製品化していたからコーニングは早速、住友電工を訴え、２５００万ドルを取った。泥棒に追い銭だった。

先日、物故した西澤教授の亡者記事に米電子学会がエジソン賞を贈っていたとあった。

エジソン賞とは電子工学界ではノーベル賞にも比肩する栄誉だと説明される。しかし特許庁の邪魔があったとはいえ、米国が西澤の業績から栄誉まですべてを横取りした事実は変わらない。この受賞は彼らに僅かに残っていた良心の疼きから生まれたものだろう。

それでもこの一件はまだましな方で、例えばオーストラリアのバリー・マーシャルだ。

彼は１９８０年初め、強い胃酸の中でも棲みついて悪さをするヘリコバクター・ピロリ菌を発見したという。ピロリ菌を自ら飲んでちゃんと胃潰瘍になって見せ、ノーベル生理学・医学賞を貰っている。

今ではピロリ菌を放っておくとかなりの確率で胃がんになることも分かってきた。

バリーさまざまのいい話に見えるが、一つ嘘がある。ピロリ菌の存在は日本人が見つけた。1920年代、慶應大医学部教授、小林六造が猫の胃の中に胃を荒らす螺旋状の尻尾を持った菌を発見した。強い胃酸の中に菌が棲みついていた。小林はそれを取り出し、ウサギに植え付けてみたら胃潰瘍を起こすことも観察している。

ところが米医学界が胃酸に棲む菌などいないと小林説を葬り去った。そのあとにバリーが出てきた。因みにヘリコバクターのヘリコは螺旋の意味でヘリコプターにも通じる。

バリーは小林の説をヒトに当てはめただけだが、彼の受賞スピーチには小林のコの字も出てこなかった。

米国にはもう一人詐欺師のノーマン・ボーローグがいる。戦後、日本の農業試験場から米研究者が多収穫小麦「農林10号」を持ち出した。欧米型の麦の10倍近い収穫量がある。それを彼は自分の名で世界に紹介して、飢餓を救ったとかでノーベル平和賞を取った。

因みに米国はアスピリンの製法も商標も第一次大戦後にドイツから接収して20世紀末まで利益を漁ってきた。そういう知財ドロ国家が今、支那に知財ドロは許せないと厳しく言う。微笑ましい光景と言っていいのかしらん。

ディープポケットを狙ってくる汚い賠償金請求の手口

ヤクザは肩が触れたと因縁をつけるが、米国の弁護士は肩に触れなくても因縁をつけられる。街角の電話ボックスで電話中の人が暴走車にはねられた。弁護士は電話会社を訴えた。そんな危ないところに電話ボックスを置いたのが悪いという理由だ。それで本来なら暴走した車の運転手が払うだろう賠償金とは三桁違うカネをふんだくった。

米海軍女性士官が高級ホテルでのパーティで同僚の士官に犯された。弁護士は客にレイプされない安全を保障し得なかったとしてホテルを訴え、同僚からとれる百倍のカネを取った。

弁護士はある事件が起きると関係者の中で誰が一番金持ち（ディープポケット）かを見つけ、そこに因縁をどういう風につけるかを考える。

ドイツが統一したとき、ナチの犠牲になったユダヤ人家族がドイツに償いを求めた。

しかし戦争の賠償問題は国家間で決める。ウエストファリア条約以降の近代国家のルールだ。

それでは国を持たなかったユダヤ人は交渉の術もない。

そんなとき米国の弁護士が出てきた。ドイツには国より金持ちのダイムラーやクルップ、バイエルとかディープポケットがあるじゃないか。

ロスの弁護士バリー・フィッシャーが動き、弁護士クリントンも手伝ってドイツの政府と民間企業が25億ドルずつ出す「記憶・責任・未来」基金がスタートした。

民間企業にも戦争責任が問える。バリーの功績にほかの弁護士は勇み立つ。カリフォルニアではマイク・ホンダも加わって米軍捕虜を使役した日本企業を標的にヘイデン法ができた。

法の不遡及も条約も無視した滅茶苦茶の法律だが、支那、朝鮮人も加わって日系14企業から1兆円をせしめる訴えを起こした。

それでも米国は一応、文明国家だ。サンフランシスコ連邦地裁のバウン・ウォーカー判事は日米間の条約が優先するとヘイデン法を一蹴してくれた。

しかしバリーは諦めない。文明国家でないところを選ぼう。彼はまず支那に行った。反日を商売にする「世界抗日戦争史実維護連合会」と手を組んでまず三菱マテリアルを狙った。戦時中ここで支那人3700人が働かせられた。

北京政府は日中国交正常化の文言がどうとか余計を言わない。だいたいここの政府は賠償なしとか言って代わりにODAを半世紀もたかり続け、今度の安倍訪中でやっとやめたほどだ。

だからどんどんやれと背中を押し、ついでに日本にも手をまわして外は日本人、中は餃子の岡本行夫を間に立たせたりした。結果は２０１６年に三菱マテリアルが１人10万元を払って謝罪の手打ちだった。

支那はこれを手始めに日本企業を食う大プロジェクトが進行中だ。先日も古証文をネタに停泊中の商船三井の船を拿捕している。

バリーは非文明国、韓国にももちろん行っている。ここではまず新日鉄を訴えた。先日の韓国最高裁では米国連邦地裁とは逆に個人請求権は条約を超えるとやっていた。

バリーは韓国に食い込んで韓国文化財なんたら財団の理事に納まる。韓国に文化財ということ自体いかがわしい。彼の目標は文化財でなく徴用工22万人分、２兆２０００億円を日本企業からふんだくることにある。

将来はこれに北朝鮮も加わる。考えただけで身の毛がよだつ。

この際、トランプと組んで非文明に生きる支那、南北朝鮮を懲らしめ、訴訟を潰す。然るのちは福沢諭吉の言う通り、「その伍《ご》（仲間）を脱し」「アジア東方の悪友を謝絶」する。

火事場泥棒より卑劣なロシアに媚を売る必要はあるのか

霞が関の一角に政府の広報看板がある。あるとき、そこに「呼び返せ北方四島」とあった。「取り返せ」ではロシアからオレはひったくり犯かと文句が来る。で、「呼び返せ」にしたらしいが、それではまるで家出娘だ。

なんでロシアごときにそこまで遠慮するのか。ロシアは汚い。あのときも、日本軍が銃を置いた後、侵略を始めた。1945（昭和20）年9月2日、ミズーリ号で日本が降伏文書にサインしている最中に択捉、国後に来た。歯舞、色丹に至っては9月5日にやっと占領を終えている。火事場泥棒より卑劣だ。問題はなぜ連合国がその卑劣を許したかだ。

それで米国の黙認説が出てくる。米国はロシアと古い誼《よしみ》がある。おまけに人種差別主義者のセオドア・ルーズベルトはロシアが黄色人種日本に負けるのが堪えられなかった。

で、ロジェストヴェンスキーのバルチック艦隊が壊滅的な打撃（1905年5月27〜28日）を受けた直後の6月2日、仲裁にでることを決めた。それが同年秋に調印されたポーツマス条約だ。中身は驚く。元々日本領だった樺太が日本領ということを認め、また旅順、大連など遼東半島にあったロシアの権益（清国からの租借）の譲渡と南満洲鉄道の引き渡しだけ。敗戦と同じ意味を持つ賠償金の支払い、ロシア領の割譲は一切なかった。

つまり、条約を見ただけでは戦争でどっちが戦勝したのか分からないほど日本に不利なものだった。

ルーズベルトが講和仲介を引き受けると名乗り出たときのニューヨーク・タイムズ紙は「制海権を失ったロシアは８００万トンに及ぶロシア民間船舶を奪われたも同然で、日本海軍はその権利を行使すべく、バルト海から黒海に出て拿捕《だほ》または撃沈できる。ロシアに抵抗する術《すべ》はなく、敗北を認めざるを得ない」とすら書いている。

日本はルーズベルトにはめられ、結果、日本は一銭の賠償も得られなかった。

そこまでしてくれたセオドア・ルーズベルトのおかげで何とか敗戦国の汚名を薄めることはできた。しかし、それでも白人国家ロシアの気が済まない。

ロシアはその後、ノモンハンを含め何度か日本に戦いを挑み、汚名雪辱を試みたが、みな負けた。それで日本が降伏したという時期を見計らって連合国黙認の下で武装解除した日本を攻めた。

北海道まで取るつもりが、それも日本軍の反攻で躓《つまず》いて北方四島止まりになった。泣けるほど哀れな結果だが、それでもシークレットブーツを履いたスターリンは大喜びしてサンクトペテルブルクの海軍博物館に「我ここに日露戦争の仇を取れり」と大書した。

たとえ最後の審判の日がきてもロシアは北方四島を手放さない根拠とされる事実だが、今度、安倍プーチン会談で歯舞、色丹は還ってくるような話になった。

日韓交渉は当初、謝罪しろと韓国が虚勢を張った。日本は放っておいた。12年経って貧乏が昂じた韓国は「もう謝罪はいいから金をくれ」と言ってきた。

それと同じ。ロシアの貧乏はその極にある。白人の面子《メンツ》もプーチンの虚勢も貧乏には勝てない。島は家出しない。ずっとそこにある。焦らず待つことが肝要だ。

第3部

朝日はそろそろ自分の葬式を出したらどうか

朝日に「反省」の文字はないのか

第1次安倍政権のときは「安倍の葬式はウチで出す」と朝日新聞幹部が言い放った。2012年に安倍が返り咲いた第2次政権では若宮啓文が「安倍叩きは社是」と言った。

この新聞は「ずっと俺が日本の宰相を選んできた」と本気で思ってきた。気に食わなければ潰した。それで土井たか子のマドンナブームを起こし、村山富市を首相に、河野洋平を官房長官に据えた。あんな醜悪なコンビをよく国民に呑ませたものだ。

挙句が民主党政権だった。2009（平成21）年の総選挙で取った308議席は空前絶後。乗ったタクシーの運転手みんなが「自民に一度お灸をすえようかと」と若宮の口吻《こうふん》そのままに言ったのを覚えている。

国民はやがて選んだ菅直人以下が人格も国籍も異常な308人だったのを知った。馬鹿を見たとどのタクシー運転手も衷心より悔いていた。

でも朝日に反省はない。若宮は北京のホテルで行路死したが社是の方は元気一杯で、安倍潰しに燃え立って「モリ・カケ疑惑」をぶつけてきた。

森友問題では疑惑追及中に辻元清美の怪しげな振る舞いが出た。加計学園では岩盤規制をロビーする獣医学会からカネを貰った玉木雄一郎が疑惑追及して、お前こそ不正な請託を受け金銭をもらって国政を動かそうとした犯罪人だろうという声も出た。

しかし朝日はそっちは見て見ぬふりをした。なんでもいいから安倍がらみの疑惑、疑惑で紙面を埋める。それで安倍を呪詛《じゅそ》できると信ずる姿を見ていると米国の人民寺院事件を思い出す。

教祖はジム・ジョーンズ。オウムに似た新興宗教は南米ガイアナに籠り、信者を連れ戻そうとする家族と対立を続けた。最後は仲裁に来た米下院議員を殺し、教祖以下914人が青酸カリをあおって集団自殺した。

そこまで信者を操れたのは他の情報を断ち切った空間に信者を置き、繰り返し同じ情報を吹き込んだ結果と分析された。集団催眠とも言われた。

朝日は確かに過去、あの屑みたいな民主党政権を有権者に押し付ける集団催眠の実績がある。

ジャーナリズム界のジム・ジョーンズだと思っている。

ただ、それは朝日独りの力ではない。協力者がいる。名を地上波テレビ局という。テレビ局は系列の新聞社を持つ。報道の指針は例えばフジテレビは系列の産経新聞と共有すればいいのだが、なぜかNHKを含む各地上波テレビ局は「朝日の記事を報道の基軸にしている」（小川榮太郎『「森友・加計事件」朝日新聞による戦後最大級の報道犯罪』）。

結果、朝日が「モリ・カケ」の嘘を流すとどのテレビ局のニュース報道もワイドショーもひたすらそれを追いかけて流す。他のチャンネルに回しても流れ出るのは同じ安倍叩き疑惑。「一犬虚に吠ゆれば万犬実を伝う」を地で行く仕組みで、視聴者は繰り返し同じ情報が吹き込まれる。

今回の総選挙も朝日・人民寺院がいつも通り勝つはずだったが、集団催眠がかからなかった。人民寺院時代にはなかったSNSがあったことも一つだが、有権者の中に民主党政権を掴まされた深い遺恨が残っていたことも大きい。安倍政権がそれ以後、衆参選挙で異例の5連勝を果たしたのもその証だろう。

公示後、反安倍に染まっていたワイドショーが公選法により沈黙し、伊藤惇夫のしたり顔が消えたのも大きかった。有権者の覚醒は早かったと思う。

安倍の戦法もたいしたものだった。９条死守をいう朝日に安倍は「９条をそのままに自衛隊を明記する」の加憲をぶつけてきた。

９条そのままなら文句を言えない。強いて言えば２項の戦力の不保持との齟齬《そご》だが、だから自衛隊の明記はだめと正面切って言えばアカハタと同じになる。改憲話を罷《まか》り通らせた段階で朝日は負けていた。

朝日は希望の党も読めなかった。小池旋風が吹けば自民は過半数割れすると勝手に思い込んだ。

で、小池に肩入れした。民進の解党もだから口出ししなかった。もう戻れないところで彼女は改憲を踏み絵にし、関東大震災慰霊では朝鮮人虐殺を認めなかった。「日本人が悪い」とする朝日史観の大事な柱だったのに。

何より「モリ・カケ」問題は朝日新聞の新聞人としての不適格性を暴露した。新聞協会賞の申請は産経、日経、読売の反対で潰された。朝日は自分の葬式を出す時が来た。

悪い日本人は拉致されても問題にしなかった朝日

朝日新聞の話を続ける。この新聞は憲法９条があるから日本人は戦後70年間、何ごともなく平和に暮らしてこられたといった。

それは大嘘だ。その憲法が施行された時期でさえ調達庁調べで２５３６人が米兵に殺された。

その後も韓国が李ラインを敷いて日本領土の竹島を取り、日本人漁船員44人を殺し、３２５隻の漁船を勝手に押収し、約４０００人を抑留した。人命も財産も自由も奪われて、何もできなかった。

北方でも同じ。ロシア人は日本漁船３００隻を拿捕して、自分たちの漁民に船を分配した。海の盗賊だ。漁船員は抑留され、４年間も苦役に使われ、送還時期が来ると別の漁船と漁船員が拿捕された。

つい10年前には密漁を口実に漁船員が射殺され、船は取られ、船長は抑留され罰金２５０万円を強要された。アリババが相手した40人の盗賊よりたちが悪い。

そして何より北朝鮮の拉致がある。横田めぐみさんは13歳で拉致された。政府は17人が攫《さら》われたことは確認しているが、北朝鮮が認めない拉致被害者はこのほかに100人以上もいるのはその家族が知っている。

9条の会とかいう連中は横田夫妻の前で、李ラインで殺された家族の前で日本はずっと平和だったと言い切れるのか。

なぜこんな無法を韓国人やロシア人ごときに許してきたのか。朝日はそれに答えられるのか。

米国は「日本を4つの島に閉じ込めて滅ぼす」（フランクリン・ルーズベルト）と日本人のせいで植民地を失った欧州の今は貧乏諸国に約束した。

だから日本人が支那朝鮮あたりに虐められてももっとやれとむしろ嗾《けしか》けていた。

横田夫妻がめぐみさんの話を伝えてもだからクリントンもブッシュもオバマも聞き流した。

9条の会とそっくり同じ対応だった。

しかし品のない習近平が大国風を吹かせ、北朝鮮がミサイルを撃ちだすと空気が少し変わった。

トランプは初めてめぐみさんの話を真剣に聞いた。国連総会で彼は「日本人の可愛い13歳の少女が拉致された」と世界に訴えた。横田早紀江さんが「風が吹いた」と感謝した。

この一言は「滅ぼすはずの日本」の立ち位置がはっきり変わったことを示している。戦後70

年で初めての大変革といってもいい。

そこまで把握できなくとも、これが大きなニュースと直感した新聞はトランプの言葉を２０１７（平成29）年９月20日付の紙面で大書した。産経新聞も読売新聞も日経も大きく扱った。

ただ朝日は違った。同じ日付の１面本記は扱いも小さく見出しに「めぐみさん」はなかった。

この新聞はおよそめぐみさんを報じることに昔からためらいがあった。90年代なかばめぐみさん拉致が公の事実となったとき「拉致問題など障害は多いが、日朝正常化の方が大事」（99年）と書いた。めぐみさんより朝鮮人との友誼《ゆうぎ》が大事だというのだ。

２００２年に５人の拉致被害者が日本に帰り、彼らの口からめぐみさんが語られるとなお朝鮮人の味方をして「拉致問題を口実に正常化交渉の窓口を閉ざすべきではない」と息まいた。

その理由は「朝鮮の植民地支配に対する謝罪」という。何より戦後史観が大事で、悪い日本人が拉致されようが気にもしない。

今度の北朝鮮の核暴走も「日本は危機感を煽るな」と論じ、斬首作戦は不可。話せば分かると対話を求める。

では、どんな対話が過去にあったというのか。拉致被害者が帰ってきた２００２年８月の日朝赤十字会談を朝日はこう報じた。

日本側が他の拉致被害者を質《ただ》すと「北朝鮮側は突っぱねた。しかし以前の会談で田口八重子の名を出した途端、席を蹴立《けた》てて決裂したような敵対的雰囲気はなかった」と。一体、どこまで日本はあんな国にへりくだれというのか。

「ノーベル平和賞くらいインチキな賞はない」

米外交問題評議会の会長リチャード・ハースは米国人にしては驚くほど常識人で、まともだ。その人が「ノーベル平和賞くらいインチキな賞はない」と言った。

そのノーベル平和賞が2017年は核廃絶の国際キャンペーンをやっているNGOの一つ「核兵器廃絶国際キャンペーン（ICAN）」が受賞した。どんな活動をしていたのか、唯一の被爆国の日本も知らなかった。

だいたい今、北朝鮮が12キロトンの核爆弾をノドンにのっけて東京に降らせようと言っている。そういう危機が迫っている中でこの団体は一体何をやっているのか。

そしたら国連本部でICANのアジア太平洋局長ティム・ライトが記者会見して「日本が核禁条約に加盟しないのは被爆者に対する裏切り行為だ」と罵《ののし》った。

冗談じゃあない。米国は国際条約を無視し、非戦闘員の頭上に核爆弾を落として20万人を殺した。

米国は謝罪もしない。日本は不法行為をした米国に当然の報復権を持つ。なんで自分から核放棄をいうのか。何より日本を罵る権利をこのＮＧＯが持っているのか。

それにこの「国際キャンペーン」という名を冠した得体のしれない団体はこれまでに２度もノーベル平和賞を取っている。最初は核戦争防止を謳《うた》った「核戦争防止国際医師会議」で１９８５年に受賞している。趣旨は今回と同じ。

もう一つは「地雷禁止国際キャンペーン（ＩＣＢＬ）」で97年に受賞した。

しかし世界に地雷を撒いたのは米、露、支那の３カ国だけ。別に国際社会に訴えず、この３カ国が自分たちの撒いたのを自分たちで回収廃棄するのが筋だろうに。実際は日本が出て無償でカンボジアなどの地雷除去をやっている。

何もせずに口だけできれいごとを言う。それでノーベル平和賞が出る。ハースの言葉通り、いい加減な受賞だろう。それは構わない。ただ偉そうに日本に注文付けるのはやめてくれ。

朝日新聞の〝抗議〟に答える

朝日新聞が『正論』平成29年12月号の「折節の記」に「間違いがある」「訂正せよ」とこめかみに血管を浮かせて抗議してきた。2ページちょっとに15カ所もあった。間違いだらけと言いたいらしいが、別に指摘されるような誤りはなかった。それなら「朝日ｃｏｍに貼り付けて天下に晒《さら》してやる」と申し入れ書に脅し文句がついていた。

実は週刊新潮に連載しているコラムの方にも同様の間違い指摘があって、そっちも「朝日ｃｏｍに貼り付けてやる」とあった。

そんな風に文句を言われるのは心外でならない。こう見えても誰も読まない朝日新聞をよく読んでやっている。いい読者なのだ。

ヒトは「朝日ネタで食っている」とか口さがないことを言うけれど、そうじゃあない。おかしなところがあればコラムで指摘するが、それは朝日がまともさを取り戻すきっかけになればと願ってのことだ。愛の鞭と思ってほしかった。

しかし今回の申し入れ書を見ると、まだまともにはなっていないようだ。

訂正要求の一つに「安倍を呪詛する姿」という件《くだり》がある。朝日の記事には安倍が憎いと思う気持ちが溢れている。知らない人が読んだら「朝日は丑《うし》の刻《こく》参りをして安倍晋三に似せた藁人形に五寸釘を打ち込んでいるのかしらん」と思うほどの異常さが滲む。

それを指摘したのに、朝日は「呪詛していません」から「間違いだ」という。「お前の母ちゃん出べそ」と言ったら「母ちゃんは出べそじゃないもん」と言い返すのに似る。まともじゃない。

抗議してきたのは朝日新聞広報部長。前は司法記者クラブにいた。そのころは正常な人だったと聞くが、文言は正常さを感じさせない。何かが憑依《ひょうい》したかのようだ。

実を言うと、半世紀前、産経新聞に入社したころから朝日新聞記者にそういう異様さがあるのをうっすらだが、感じていた。

社会部に上がって間もなく、取材現場で入社同期生を見かけた。「おう、Ｏ君」と声をかけた。彼はこう答えた。「オレは朝日新聞に移った。今は朝日の記者だ。君とはもう同期生でもない。今後はさん付けで呼んでもらおうか」

一瞬、彼の精神状態を疑った。サイコパス（反社会性精神病質）にいう強烈な自己愛かと思ったが、目は泳いではいなかった。

その後も記者クラブなどで何回か朝日新聞記者が「俺を誰だと思っている」と偉そうに身をそらすのを見かけた。O君と似たナルシシズムに見えたが、あれは感染するものなのか。興味を持って朝日の記者を観察すると他社にはない異様な症状がいくつもあった。以下は半世紀かけた朝日新聞記者の病理学的分析だ。

彼らの特性は何といっても「嘘を躊躇《ためら》わない」だ。本多勝一はいい例だ。彼は1972（昭和47）年『中国の旅』を書いた。中身は嘘ばかりだ。毎日新聞の浅海一男が創った「百人斬り」を彼は支那人に実話として語らせている。

「弱った支那人労働者を生きたまま穴に埋めた」撫順のいわゆる万人坑は支那人が創った嘘だが、本多は裏も取らないで載せた。

本多の全集には「山羊や鶏などはいたるところで略奪された」のキャプションをつけて日本兵が鶏2羽を首から下げている写真が載る。しかしこの写真は朝日新聞の「支那事変画報」の

1枚で、絵解きは「支那民家で買い込んだ鶏をぶら下げ前進する兵士（小川特派員撮影）」とある。

本多はおそらく自社資料室でこの写真を見つけ、絵解きだけを書き換えて自分の全集に載せたのだろう。本多が嘘を躊躇《ためら》わなかったいい証拠だ。

編集委員の四倉幹木《よつくらもとき》は本多に倣って「フィリピンの旅」を書いた。その一節レイテ島の旅（2010年9月18日）に当時95歳のフランシスコ・ディアスが登場する。

ディアスは戦時中、日本兵に銃で殴られたと語り、四倉に「このコブはそのときにできた」と「首の後ろの握りこぶし大のコブをさすった」とある。

ご丁寧にそのコブをカラー写真で添えて夕刊一面に掲載している。誰が見ても脂肪瘤だ。しかし四倉は60年後も膨れたまま残ったコブだという。

そういう見え透いた嘘を平気で書く。そのくせ、それを指摘されると彼らは滅茶苦茶に逆上する。第2の特性だ。

個人的な経験がある。1984（昭和59）年、社会部デスク当時に「朝日に載った毒ガス写真はインチキ」という原稿を石川水穂記者が出してきた。

写真の「毒ガス」はもくもく天に昇っていた。毒ガスは無色無臭で地を這い塹壕に流れ込んで敵兵を殺す。それが天に昇ったらカラスしか殺せない。それに「あれは中支の渡河作戦の一場面でたかれたのは煙幕」という出典証拠もあった。で、「朝日がインチキ写真を載せた」という記事が社会面トップを飾った。

そしたら翌日、朝日の佐竹昭美部長が単身、産経新聞編集局に殴り込みをかけてきた。編集局長も社会部長も逃げ、こちらが一人で対応したが、佐竹は朝日の記事は正しい、お前は生意気だ、産経など叩き潰してやると本気で怒っていた。記事にクレームがついたら、普通は調べ直してみるものだ。彼は普通ではなかった。それに普通、クレームがついたくらいで殴り込みはしない。

ソシオパスに罹患した朝日新聞を病理分析する

彼らの怒り方にはパターンがある。本多勝一はリクルート事件の折、江副浩正《えぞえひろまさ》の接待旅行を受けた（東京地裁判決）のをフリーの記者、岩瀬達哉に指摘された。

本多は彼を「カネで雇われた番犬、狂犬の類で」「卑しい売春婦よりも本質的に下等な、人類最低の、真の意味で卑しい連中」（週刊金曜日）と悪口雑言を並べて罵り倒した。

同義の罵り言葉を重ねる手法は「KY」と珊瑚に彫り込んだ事件でも見られた。「80年代の日本人の記念碑になるに違いない。百年単位で育ったものを瞬時に傷つけて恥じない、精神の貧しさの、すさんだ心の……」

日本維新の会の足立康史議員が朝日新聞の姿勢を糺したのに対して社説（2017年11月18日）は「聞くに堪えぬ」「その軽薄さ」「低劣な罵り」と罵詈《ばり》をちりばめた。

ナルシシズムで嘘は平気でつく。言われたら激怒する。罵り言葉を重ねる。一連の症状は先天性のサイコパスに似るが、それが集団感染した例はない。

似た症状で後天性の病がある。ソシオパス（反社会性パーソナリティ障害）と呼ばれ、「極度のナルシシストで、自分は特別だという意識が強い者」（臨床学者セス・マイヤーズ）がかかりやすく、「自分と同じ考えのグループにのみ共感や忠誠心を持つ」。

彼らは「善悪の判断は自分の属するグループの規範に従う」特性がある。

つまり朝日新聞には自己愛の強い者が集まりがちで、すぐ感染する。彼らはまた自分たちの先輩が戦後取り入れた自虐史観を規範として崇めているように診断できる。

我が同期のOもそれで「Oさんと呼べ」なんて言えたのだろう。

本多勝一が写真の絵解きを勝手に書き換えた。あるいは四倉が脂肪瘤を60年前のコブといった。佐竹部長が煙モクモクの煙幕を毒ガスだと決めた。

そういう原稿はデスクがまず見る。おかしいと思ったらデスク自身が調べるか、出稿した本多なり四倉を呼んで調べ直させる。

そこを誤魔化しても校閲が見る。嘘は大方ここで弾かれるが、朝日の過去を見るとそういう見え透いた嘘が通ってしまう。東京新聞を除いたよその社では起こり得ない現象だ。

ということは「善悪の判断は属する朝日新聞の規範が優先」するソシオパス集団だからこその現象と思っていい。

「日本軍は悪い」規範に適えば事実かどうかは関係ないのだ。

ソシオパスの特性には「自責の念や羞恥心の欠如」がある。

珊瑚落書き事件は1989年4月20日の朝日新聞夕刊1面に載った。西表島の地元民が最初に騒いだ。「朝日の連中が潜るまで珊瑚に傷一つなかった」「我々が恥知らずの精神の貧しい日本人にされるのは放置できない」という言い分だ。

朝日は1カ月後、青山昌史取締役が「もともとあった傷をストロボでこすった」とぬけぬけ嘘を言った。まさに羞恥心の欠如だ。

ソシオパスは「自分の仲間には愛着を感じる一方、他人の痛みや不利益には無関心で、非情で冷酷な行動をとる」特性もある。

「吉田清治」がいい例だ。吉田は名も嘘、学歴も職歴もみんな嘘。昭和の籠池みたいな男は「昭和18年、済州島に行って２００人の朝鮮女を強制連行した」と言った。清田治史がそれを世に広めた。規範に合えば嘘だっていい。

清田が吉田清治の名で書いた文章がある。

「国家に拠る人狩りとしか言いようのない徴用がわずか三十数年で歴史の闇に葬られようとしている。戦争の責任を明確にしない民族は再び同じ過ちを繰り返すのではないでしょうか」

当時、「徴用」の語はなかった。吉田清治の嘘に清田は自身の嘘を重ねて「慰安婦の強制連行」を生み出した。韓国人が便乗して奴隷の歴史を持たない日本に性奴隷（Sex slave）の汚名を着せた。

清田を真似て松井やよりは済州島を釜山にして「ここでも朝鮮人女を拉致した」と書いた。植村隆も済州島をソウルに変えて金学順を日本軍兵士が連れ去ったと書いた。金学順は「朝鮮人女衒《ぜげん》に売られた」と自供しているのに。

朝日の規範に合えば日本民族がどんなに蔑まれても気にしない。ソシオパスにいう「他人への無関心」が朝日新聞を覆っている。

この反社会性人格障害は男に発症する。稀に女もかかる。松井やよりはその稀な一人だが、ときに他社の記者にも感染する。東京新聞の望月衣塑子《いそこ》はそうした外部感染者の一人になるか。

朝日新聞がこちらに因縁つけて間もなく天声人語はカズオ・イシグロを舞台回しにして「どの国にも負の記憶はある。日本軍が南京で多くの中国人を虐殺したのが80年前の今月。記憶することの難しさと忘却することの危うさ」と書いた。

南京大虐殺は米国人と支那人が合作した大嘘だ。それを本多勝一が増幅したのは本多自身が知っている。天声人語を書いた記者は執筆前に調査部に行くべきだった。そこには本多が書き変える前の絵解きがあり、80人の先輩カメラマンが撮った南京市街の写真がある。蔣介石軍の略奪強姦の恐怖から救われた支那人市民の笑顔がいっぱいある。

こちらが折角、愛の鞭を振るっても彼らを正気づかせられなかった。残念だが、それでも鞭は振るい続けたい。いつの日かこちらの愛が通じるまで。

北朝鮮賛歌を歌い続けた朝日の変節

朝日新聞が因縁つけてきた「折節の記」（『正論』平成29年12月号）の記事15カ所の一つに横田めぐみさんの下りがある。

こちらはこう書いた。「朝日新聞はおよそめぐみさんを報じることに昔からためらいがあった」

因縁の方はこうだ。「拉致被害家族会が結成された1997年以降、弊社が横田めぐみさんについて報じることをためらったという事実はありません」

何を言う。コラムでも指摘したように97年以降2度も社説で「拉致問題は日朝正常化の障害になる」と書いている。おまけにずっと「北朝鮮拉致説」と「説」を付けて信用度ゼロ風に扱ってきたではないか。

ためらいどころか北朝鮮への配慮で頭がいっぱいとしか見えない。どのツラ下げて因縁つけてきたのか。呆《あき》れていたら旧臘《きゅうろう》クリスマス明けの夕刊1面トップ記事に驚かされた。

朝日新聞ではおそらく初めてだと思う。「横田めぐみさん」の見出しを取って拉致前夜、家族団らんのひとときを記事にしていた。「翌日、娘は拉致された」で結ぶ記事にはめぐみさんがその団らんの折、父滋さんに贈った櫛《くし》の写真が添えられていた。

この記事には北朝鮮への配慮は見られない。かつてかの国を「朝鮮民主主義人民共和国」と表記し、めぐみさん拉致の前後には田所特派員やら岩垂特派員やらが金日成を褒め称え、北朝鮮は地上の楽園と書き続けた。大江健三郎も小田実も登場して紙上で金日成マンセーを繰り返した。

この半世紀、北朝鮮賛歌を歌い続けてきた朝日新聞なのに、ここにきてこの大変節だ。

そういう変節のときは普通お断りを入れるのが新聞の習いではないのか。

実際、今上天皇が即位されて間もない1993（平成5）年11月28日、朝日新聞は「皇室に敬語を使うのを考慮する」旨の断りを出している。

理由は朝日が憲法学者の伊藤正己ら偏った連中に「皇室と敬語」を聞いた。その結果をもとに「今後は事実に即した報道に努める」ことにしたという。

紙面で見る限り、その日以後、天皇についての記事で敬語をやめている。その前年には朝日新聞の努力もあってまさかの天皇の支那訪問が実現した。おかげで１９８９年の天安門虐殺事件で世界中からシカトされてきた支那が生き返った。

天皇を十分に政治利用させてもらった。用が済めばもう敬語はいらない、俺たちは事実に即して報じるぜというわけだ。

因《ちな》みに伊藤正己は「天皇は辛うじて元首」という意見の持ち主で、そんな男の意見を参考にして朝日は皇室への敬語を判断した。

朝日新聞はまた１９７６（昭和51）年1月1日から西暦表示に変えた。このときもそれなりのお知らせがあったように記憶するが、ときの社長は身も心もほぼ支那人の広岡知男。日本の元号に未練もない男が社長就任から10年間、よく我慢してきたものだとむしろそっちの方が感心されたものだ。

80年代には被疑者の呼称も変わった。例えば昭和43年に起きた寸又峡《すまたきょう》事件の報道では各紙とも「静岡県清水市のクラブで二人を殺害した無職、前科7犯、金岡安広こと金嬉老（39）は……」だった。

しかし人権派が蔓延《はびこ》って「配慮ある表記」を迫られた。以後、前科は書いてはだめ。犯人は推定無罪につき呼び捨てをやめて肩書をつける。だからロス疑惑の銃弾の三浦和義は「三浦元社長」になった。

ただ金嬉老のような無職は困りものだった。大学を出たばかりなら元早大生とか書けるが、小卒の39歳の金をつかまえて元小学生とも呼べない。そういう呼称変更も確かお断りがあった。

それを考えれば、金日成政権誕生以来、北朝鮮万歳でやってきた朝日新聞がその方針を一八〇度変える大変節なのだから「北朝鮮を崇敬してきましたが、今日からやめます」くらいの社告は必要だろう。

そのうえで横田さん夫妻に過去の非礼を詫び、改めてめぐみさんを書かせていただきますというのが手順だったのではないか。

「国が悪い」キャンペーンをやり続けてきた朝日

掌返しのめぐみさん報道に前後してもう一つ朝日新聞はもっと大きな掌返し報道をやった。

「英科学誌などが村中璃子《むらなかりこ》氏へ賞」（2017年12月19日）がそれだ。

村中璃子は医師にしてジャーナリストでもある。もう5年前になるか。朝日新聞は「子宮頸がんワクチンは危ない」「副作用で脳障害を起こす」と騒いで、厚労省にワクチン接種を止めさせた。

村中はそれが大きな間違いと指摘し、さらに「ワクチンで脳障害が起きる」とした池田修一・信州大教授のマウス実験は極めて疑わしいと名指し批判した。

子宮頸がんウイルス（ＨＰＶ）は主に15歳以上の女性が性交によって年間１万人もが罹患し、その３人に１人が死んでいる。

最近は男性の罹患も増えた。オーラルセックスで咽頭がんを発症する。死亡した男性の組織検査でこのＨＰＶが高い確率で検出されているのだ。

ために世界保健機関（ＷＨＯ）、米疾病対策センター（ＣＤＣ）などがＨＰＶワクチンの接種を呼びかけ、米国では女性だけでなく男性も接種を受けている。

日本もこれを受けて中学生以上の女子に定期接種を始めたが、そこに朝日新聞が出てきた。

この新聞の社是はマッカーサー憲法だ。その前文にある「政府は悪いことをする」を固く信じ、ちょっとでも国に落ち度がありそうだと大騒ぎし、関係者に国家賠償を求めるようにけしかけてきた。

厚労省認可薬品はいつも標的にされた。

最近ではインフルエンザの薬タミフルが狙われた。投与された子どもが高層階の窓から飛びだせば「さあ薬害だ」「国を訴えろ」と国家賠償訴訟を煽った。

結果は敗訴。インフルエンザなど高熱に浮かされた状態、いわゆる熱譫妄《ねっせんもう》で窓から飛び出すような行動が多数確認されていて、別にタミフルのせいじゃないというのが裁判所の、そして医学関係者の一致した見方だ。朝日はそれを承知で患者家族を踊らせていた。

白人には効かないが、なぜか日本人には効く肺がん特効薬イレッサも同じ。朝日新聞は投与のあと間質性肺炎で死んだのは薬害だと騒ぎ、患者遺族は朝日の「国が悪い」の笛に踊って国家賠償を求めたが、やはり敗訴に終わっている。

みんなが不幸になって朝日だけが「国が悪い」イメージを一層定着させたと大喜びするのが共通したパターンだった。

今回の子宮頸がんワクチン騒動も発端は朝日新聞だった。ワクチン接種を受けた「杉並区の女子中学生が歩行困難になった。ワクチンの副作用で、区は補償する方針を決めた」（２０１３年３月８日）からすべてが始まった。

それは朝日新聞の望む薬害パターンにぴったりきた。おまけにのっけから行政機関が補償を約束している。

勝ちが見えたと思ったか、以後、斎藤智子記者がほぼ専従で「被害者、接種中止訴え」とか「ワクチンを打つとおかしくなる」記事を書き続けた。

朝日新聞が書けば「厚労省、被害例を調査へ」（同5月16日）「厚労省ワクチン接種、推奨せず」（同6月15日）となっていく。

WHOや米国のCDCは驚いた。日本がそんなバカとは思わなかったから、改めてワクチンに副作用はないと安全宣言を出した。

しかし日本の逆走は止まらない。16年3月には信州大の池田教授が出てきてワクチンは脳障害を起こすと発表した。

厚労省はこれで定期接種を断念した。今ではどの病院に行っても接種もしない。薬害騒ぎになって訴えられるのが怖いからだ。

そんなムードの中、村中璃子や元東大特任教授の上昌広らが敢えて発言を始めた。池田教授の実験のインチキ性を衝き、具合が悪くなった女子は別の原因があること、あるいは「か弱い私もきっと具合悪くなる」と思い込むクララ症候群だと指摘した。

クララとは「アルプスの少女ハイジ」に出てくる病弱で歩けないと思い込んでいるクララのことだ。

対して斎藤智子は執拗にワクチン危険説を書き続けた。その成果が２０１６年７月の「ワクチン接種で健康被害を訴える64人の女性が国と製薬会社に総額９億６０００万円の賠償請求訴訟」をつきつけたことだ。

弱者救済を言う連中がクララたちに寄り添い、村中璃子の仕事場に抗議電話が殺到し、連載も本の出版も延期された。

それでも彼女は子宮頸がんから日本の女性を守るために声を嗄《か》らした。このままでは朝日新聞によって多くの女性が殺されていくと。

そんな彼女の声に世界の良識が動いた。英ネイチャー誌などが主宰するジョン・マドックス賞だ。

２０１７年11月、「圧力など困難に遭いながらくじけることなく公益に資する科学的理解を示した」ことで村中にこの賞が授与された。

天下のネイチャー誌が子宮頸がんワクチンに副作用などない、あるのはクララ症候群だと認めた。

そして朝日新聞こそが「圧力」をかけて「正しい科学知識の普及を阻害し、善意の薬害報道を装って嘘を垂れ流した」と暗に名指しした。

日本のメディアの中で村中の受賞を即座に報道したのは産経新聞と北海道新聞だけ。朝日新聞はそれをすぐに記事にせず、3週間後にこっそり中面のベタで報じた。どこまでも姑息《こそく》な新聞だ。

厚労省は朝日新聞にもう遠慮することはない。子宮頸がんワクチンの定期接種を早急に復活したらいい。なぜ休止したかの釈明が求められたら、朝日新聞のフェイクニュースのせいだとはっきり語ればいい。

それにしても信州大の先生の怪しげな実験に乗っかって子宮頸がんワクチンを悪者に仕立てた朝日新聞の罪は重い。

定期接種をやめた4年間に罹患し、あるいは死亡した子宮頸がん患者にまず謝罪するのが手順だろう。

ついでに言えば、この「怪しげな人物」の言に乗って「役所が悪い」「国が悪い」と猛烈なキャンペーンを張る構造はどこかで見た記憶がある。そう、怪しげな変態次官、前川に乗っかって騒いだ「モリ・カケ」問題にそっくりだ。

笑えるのは２０１７年はその「モリ・カケ」で新聞協会賞を狙った。２０１８年もネイチャー誌が出てこなければ斎藤智子で新聞協会賞受賞のつもりだったのだろう。呆れた新聞だ。

9割は真実なのに最後の1割で嘘にする手口

朝日新聞には妙な特性がある。吉田調書みたいにちゃんと調書を読み、9割まで真実を書きながら、決定的なところで嘘を入れる。

真実の報道を装った偽り報道、フェイクニュースの達人がその特性の一つだが、それとは別に詐欺師の珍重という変態趣味もある。

3・11のあと震災復興の現場で医療活動をする医師、米田きよしを「ひと欄」に登場させた。カナダで医師免許を取り、国連難民高等弁務官事務所から派遣されたこともあると紹介し、ヨーチン塗ったり、ついでに日本財団からのカネも頂戴していた。

この男が実は震災で売名と金儲け目的の偽医師と後にバレる。

実は朝日新聞自身も「朝日を通して義援金を送れば、本紙にあなたの名前を載せます」とやっていた。人の不幸につけ込んで新聞売り上げ増を図っていた。

朝日が偽医師を「ひと欄」で取り上げたのも「いいことしている風に見せかけて儲けよう」という詐欺師同士の、どこか共感するところがあったからだろう。

その朝日の売りは自虐史観だ。1980年代初め、清田治史記者は大阪で「私は済州島で軍人を指揮し朝鮮人女を200人拉致した。女たちは軍の慰安婦にされた」と講演する吉田清治を見つける。

自虐史観のネタは大方がGHQ製で、残りは支那人が創った嘘に協力したいわゆる中帰連(中国帰国者連絡会)の創作話だ。

だから吉田清治から初めて聞かされた話は貴重な「本物の自虐ネタかも」と清田も朝日も思った。

吉田清治は大した詐欺師だ。あのころは自虐史観を語れば食っていけると読み、事実、朝日が食いついた。時流を読むのに長《た》けていた。

かくて吉田清治の話は支那や米国の創りネタに代わり「明日につながる自虐ネタ」と期待をされて朝日の紙面で大きく羽ばたいた。

それでも朝日には吉田清治の話に一抹《いちまつ》の不安があった。それで松井やより、植村隆、さらには中大教授吉見義明にも手伝わせて次々新手の慰安婦ものを登場させた。不安ゆえの連続フェイク・ニュース攻撃。それが最大の防御となると思ったからだろう。

この辺は旅行会社「てるみくらぶ」が最後の最後まで誇大広告を打って健全経営を装ったのと似る。詐欺師のやることは同じだ。

しかし安倍晋三がその一抹の不安を衝いた。「吉田清治という詐欺師の話が慰安婦問題の根源」（2012年党首討論会）と指摘して朝日は木村伊量のクビを差し出す完敗を喫した。

今はその報復のときだ。朝日はその敵討ちに再び詐欺師、籠池泰典を選んだ。籠池は吉田に似て時流を読むのに長ける。吉田が自虐史観に乗ったのと同じに、籠池は「左はもう終わり。これからは保守」と読んだ。

それで日本会議に接近し、会員にもなった。朝日が目の敵にする存在だ。さらに保守論壇の名士たち、例えば竹田恒泰を呼び、渡部昇一にも接近し、とどめに教育勅語を教室に持ち込んだ。保守教育は大当たりだった。

ただ周辺の共産党員、社民党員がこれに目くじら立てて騒動が始まった。籠池は敵を欺くのにまず味方も欺いていた。たいした詐欺師だった。

朝日新聞はかつて吉田清治を使ったように今、籠池をフルに使っている。書き換えられた財務省の文書もよく読めば安倍昭恵が「いい土地ですね。話を進めてください」と言ったという〝証拠〟も根拠は籠池発言だけ。

籠池は昭恵夫人とのスナップ写真まで財務局に持ち込んで近しい関係をアピールしている。小役人たちにはいい脅し材料になっただろう。朝日が見込むだけの「いい仕事」を籠池はしてきた。

しかし籠池の「安倍晋三記念小学校」発言が真っ赤な嘘だったように、その他の〝証言〟もいつ崩れるか。

そんなので安倍の追い落としができると信じていた。朝日もいい加減、詐欺師離れをしたらどうか。

裁判官の判決がおかしすぎはしないか

広島高裁の裁判官、野々上友之は伊方《いかた》原発差し止め請求の即時抗告審で「もし阿蘇が噴火したら火砕流が伊方に届く」からと運転差し止めを命じた。

阿蘇の大噴火は9万年前にあった。それで５０００メートルあったと推定される山体の大方が吹っ飛んだ。もう吹っ飛ぶ山はない。学術的に見なくとも「火砕流は豊後水道を渡らない」のは常識で分かる。過去に関サバが溶岩流で蒸されたという話も聞かない。

野々上の愚かさに世間は鼻白んだものだが、この類の常識に欠けた裁判官がやたら目立たないか。

91歳のボケ老人が線路に入り込んで列車にはねられて死んだ事件があった。名古屋地裁は85歳の体の不自由な妻に「お前に監督責任がある。迷惑をかけたＪＲに７２０万円を払え」と命じた。

同じ名古屋地裁がもう少し前に96歳の母が知的障害の息子（63歳）の行く末を案じて無理心中を図ったが死にきれなかったという事件を扱っている。

判決は「息子殺しは許せない」「百歳の誕生日は獄中で迎えろ」と懲役3年の実刑に処した。

俺たちは難しい司法試験をパスしたエリートだ。お前らぼんくらに施してやる慈悲など持ち合わせちゃあいないんだといっている。

ではすべて厳罰かというと極悪人は別らしい。この3月、さいたま地裁判事の松原里美がびっくりするような温情判決を下した。

事件は4年前、千葉大生の寺内樺風《かぶ》が当時中学1年生の少女（13歳）を誘拐、東京・中野のマンションなどに2年間も監禁した。

寺内は少女に「両親に捨てられた」「親はお前を捜しもしない」と偽りを吹き込み、絶望させた。

少女は最後の抵抗で脱出して救出されたが、心の傷は深く、いつ全治するか分からない心的外傷（ＰＴＳＤ）を負う。

普通に学校に通い、友達と遊び、進学し、いつかは素敵な恋をして結婚もしたい。そういうごく当たり前の生活も送れそうもない。

検察はそうした事情を踏まえ狡猾で身勝手な被告に懲役15年を求刑した。一人の女性の一生を滅茶苦茶にしたことを考えればもっと重くてもいいと普通は思う。

しかし松原裁判長は求刑を半分もカットし懲役9年を言い渡した。被告の名がオイチョカブのカブ。それで9年という駄洒落《だじゃれ》のつもりか。仰天の温情判決だ。

なぜ軽くしたかの理由が凄い。誘拐して1カ月後、13歳の少女は逃げ出し、見知らぬ街で見知らぬ人に助けを求めた話を挙げている。

このときは相手にされず、仕方なくまた監禁場所に戻った。それを女裁判官は大きなポイントにした。「被告が関与しない事情があった」として被告の「懲役15年は重過ぎる」と理由づける。

２年の長きにわたる監禁になったのは少女にも責任の一端がある、逃げ出せるのに舞い戻ったじゃないか、と言っている。

何を言うか。例えば13歳以下の少女が合意の上でセックスしても、強姦罪は成立する。13歳以下の子供に法は大人並みの判断と責任まで要求していない。

13歳どころか17歳でも法の保護はある。17歳少女を連れ回して酒を飲んだ俳優小出恵介は少女が17歳というだけで大阪府青少年育成条例によって立件された。

１０００万円の示談金を受け取った相手の少女は子持ちのシングルマザーだ。喫煙もし、酒も飲む。小出よりずっと大人なのにそれでも法的には少女として保護され、小出は不起訴にはなったものの、社会的にも罰せられた。

そこまで保護される「少女」。まして年端のいかない13歳の子が突然、親から引き離され監禁された。そんな13歳にこの裁判官は大人の分別を示さなかったからと、量刑にまで反映させた。

裁判官世界には馬鹿でも通用するよう、判決は「求刑の８掛け」という法則がある。２割減刑して人情味を見せ、「罪と向き合って更生を」と諦めるのが定形だ。

ところがこの裁判官は無能なくせに法則を乗り越え、8掛けどころかほとんど5掛けにした。

関係者は控訴するがいい。樺風は無期になると思っていたらなんと懲役12年だ。

でしゃばる恩師は見苦しい

初めてボストンに行ったのはもう30年も前になるか。

ここで旨いもの名物は「チェリーストーンだぜ」と教わって食ってみた。

何のことはない、ハマグリの塩焼きみたいなもので、旨いことは旨いが、ハマグリには劣る。

それが最近、ホンビナスの名で千葉の海岸で獲れていると聞く。

ボストン名物も船橋の名産ほどだったわけだが、このときはもう一つ、仕事があった。あのボストンマラソンの取材だった。

マラソンは郊外の小さな町からボストン中心部までの片道コースで行われる。結構、朝早い出発でスタート合図でみんな駆け出していった後には防寒用に着ていた上着やズボンが何千と捨てられていた。ひどいマナーに呆れた。

このときの優勝者は瀬古利彦。たいしたものだったが、瀬古はテープを切るなり、取材の報道陣には見向きもせず、一人の老人の前に駆け寄り深々と頭を下げた。

周りは訝《いぶか》る。さらに優勝者の会見場で取材陣はもう一度驚かされた。一段高いインタビュー席に瀬古と先ほどの老人が座っていた。それが中村清監督だった。

米紙記者が何者なのか、あの男はと聞く。それで彼が瀬古の恩師で、彼の導きで瀬古が優勝できたのだと教えた。記者は首をかしげて「俺には瀬古が一人で走っていたようにしか見えなかったが」。

出しゃばる恩師は誰の目にも奇異に映ったが、日本にはこの手の監督というかコーチが結構多い。女子レスリング界を震撼させている伊調馨《いちょうかおり》と栄和人《さかえかずひと》監督も似たようなものだろう。栄も伊調が瀬古と同じように駆け寄ってきて頭を下げれば満足するのだろう。優勝のときは肩車をし、会見の席も二人並んで座ればもっと満足なのだろう。

本人は満足でも端から見れば気持ち悪いし、選手もつらい。伊調以外もみなつらかったはずだ。

そういえば吉田沙保里《さおり》はこの前の優勝のときに栄を思い切り投げ飛ばしていた。あれが結構、本心だったのではないか。とにかく中村監督も栄監督もとても見苦しい。

視聴料をとって自虐のウソを垂れ流すＮＨＫ

この前の休刊日明けの日のワイドショーを見ていたらA局もB局もC局も2日前の大谷翔平の大活躍を長々とやり、その次が伊調馨を虐めた栄和人のパワハラ騒ぎ。

それも前日にやった焼き直し版で、世界が注視中の緊迫シリアの話題は取り上げもしなかった。

なぜか。ＮＨＫを含めてテレビには恥ずかしい特性がある。取材能力がなく、いつも新聞を参考にして番組を作るのが形なのだ。

でもたまに見得張って番組を作ったりする。ＮＨＫが２０１７年に流した「７３１石井細菌部隊」がいい例になるか。

戦後4年目、ハバロフスクで戦犯法廷が開かれ、日本兵が人体実験を告白した。その音声テープが見つかった。やっぱり「日本軍は残忍だった」とそれはもう大はしゃぎしてやっていた。

しかし、NHKは傲慢なだけで取材もウラ取りもできない。

731部隊と言えば90年代、日本嫌いのビル・クリントンが米国立公文書館を引っ掻き回して調べた。支那人も協力したが、人体実験のジの字も出なかった。

この話はGHQが自虐史観のために拵《こしら》えた話の一つだ。言い分がいい。「人体実験をしない人道的な米国が貴重な実験データ提供を条件に石井中将とその部下を許した」

しかし実験の一つに挙げた「真空殺害」では真空状態にしたら眼球が飛び出し舌が膨れ上がり、内臓が飛び出し……とおぞましい限りを描くが、その後ソ連のソユーズ11号で起きた真空死の状況からまったくの嘘と分かった。

同じく「梅毒菌の眼球への注射」実験の経緯は米政府機関が同じ時期、グアテマラの囚人にやった実験とそっくり同じだった。これはペニシリンの効果を知るための人体実験で、囚人や知能遅滞児数十人を被検者に実施し、半分を殺した。70年後にオバマがやっとその非道を認めてグアテマラ政府に謝罪している。

米国は他にも梅毒感染についてアラバマ州の黒人に人体実験をやっていて、こっちはクリントンが謝罪している。人体実験大国が、さも善人ぶってでっち上げたのが７３１部隊の虚構だった。

ＮＨＫはそれも知らない。ハバロフスク裁判は60万人日本軍将兵を奴隷使役したソ連がその言い訳にＧＨＱに倣って創った「日本軍は残虐だった」というものだ。ＮＨＫはそれも見抜けなかった。

視聴料を取ってこんな自虐の嘘を流す。最高裁が何と言おうと不払いは広がっていく。自主取材をやればテレビ局は怪我をする。

だから休刊日明けはどの局も前日の焼き直ししかできないのだ。

テレビはそういう無能を隠すためか、妙な病気を持つ。椿症候群という。90年代、宮澤喜一、河野洋平という国賊コンビが出て自民の勢いに陰りが出てきた。

それに乗じて「総選挙では我がテレ朝は組織的に自民のネガティブ報道をやった」と椿貞良報道局長が民放連でとくとくとぶち上げた。

他のテレビ局も「ウチも同じだ」とはしゃいだものだが、それを産経新聞が報じた。

椿は発言を詫び、ただ組織的なネガティブ報道は否定した。それでテレ朝は潰されなかったが、今も反省した様子はない。

テレ朝だけでなく、あのとき椿と一緒に気勢を上げた各局とも根に反自民をもつ。それは考えた末ではない。考えるほど知恵がないからで、ただ「メディアは反権力」と言った方が「何か格好いいから」が理由だ。

このテレビの特性を踏まえると「モリ・カケ」問題の本質が見えてくる。森友も加計も根っこにあるのは朝日新聞の安倍憎しの怨念だ。

安倍のせいで慰安婦の嘘がバレ、社長の首が飛び、部数減で給料も半分になった。

森友は財務局が詐欺師の籠池を騙そうとして見破られ、値切られただけの話だが、そこにたまたま昭恵夫人の名が出た。

朝日は「ソフトターゲット」を狙った。執拗に昭恵の名を出した。テレビがそれを反復し、野党がテレビに映りたくて増幅した。

加計問題では安倍の友達が学園長というだけの根拠で「政治家と役所が組んだ金権政治」という古典的パターンで疑惑を煽った。

「火サス」レベルだからテレビ連中も喜んだ。ただ火サスで大事なカネが見えない。その滑稽さに無能ゆえまだ気づかない。朝日も馬鹿を踊らせて政局にできたと満足しているようだが、ジャーナリストとしては恥ずかしい。

原爆で焼け野原となった長崎に出島の復元を要求したオランダ

反日が売りの朝日新聞に長崎の出島の復元話があった。戦後しばらくして駐日オランダ大使が吉田茂に「早く復元しろ」と言った。なんなら「オランダが復元して費用を戦時賠償金として日本から取るぞ」と。

これだけの中に反日紙らしい嘘が多く含まれている。まず「戦後しばらく」じゃない。1948（昭和23）年のことだ。マッカーサー憲法はその前年5月3日に施行され、A級戦犯は同年の12月23日に処刑された。まだロシア、支那には何十万もが引き揚げもできずにいた。

そんなとき原爆で焼け野原となった長崎に出島を復元しろという。ものすごい悪意だ。それに問題の出島は明治期のかなり早い段階でオランダが所有権を放棄して土地は払い下げられていた。

出島は名前の通りに長崎湾の一角を埋め立てた人工の島で往来の橋が架けられていた。ここを「オランダ人が断りなく出る」ことと「領域以外の女」の出入りが禁じられていた。ということは丸山町の女郎は通行自由。シーボルトの愛人お滝も鳴滝に家ができるまでは女郎を装って渡っていた。

戦前には周辺が埋め立てられて民家も建ち並んで出島の面影も消え失せていた。

史跡を大事にする日本人にしては珍しいが、実はオランダ人は江戸の昔から日本人に嫌われていた。スウェーデン人のツュンベリーは「日本人は奴隷を鞭打つ蘭人《らんじん》を心から嫌った」と書く。不潔で風呂も入らないから体臭も強い。「登城する紅毛にハエのついていき」と川柳にも詠んでいる。

江戸末期、欧米を巡った旅芸人一座の廣八はどの国も褒めたのにオランダだけは「人悪し、国もまた悪し」と書き留めている。

実際、30年の付き合いのポルトガルからはラシャやシャボンはじめ何十もの言葉が入ったが、オランダからは驚くほど少ない。

つまりオランダ嫌いが心のどこかにあって出島は早々に埋め立ててしまった。

それにしても永井隆博士ら多くの長崎市民が原爆の被害で苦しんでいる時期を狙ってなぜオランダ大使が無理難題を吹っかけたのか。

実はオランダ国民を怒らせる原因がその時期に進行していた。

オランダはインドネシアを４００年植民地にして残忍な搾取を続けてきた。その上がりは国家財政を十分に賄い、パレンバンの石油で十分な儲けもあった。

戦後、取り戻しに行ったらあの従順な現地民が日本軍の指導教育を受けて逞《たくま》しく変身し、激しく抵抗してきた。4年も戦い抜いてもはや彼らの独立は止められなかった。オランダは収入源を失って元の貧しい小国に転落中だった。

すべては日本が悪い。この上はあらゆる手で苛めたい。その一つがセレベス島に落下傘降下し、あっさり攻略した海軍空挺部隊隊長、堀内豊秋中佐の裁判だった。

何の罪状もない中佐に対し、オランダ人は「日本人だから」を理由に死刑を宣告した。高松宮様がユリアナ女王に嘆願したが、女王は聞こえぬふりをしてその年の9月に処刑している。

そして嫌がらせ第2弾がこの復元要求だった。長崎市史によると、土地収用も含め、総額で20億円にもなった。今のカネで約2000億円だ。

因《ちな》みに英米仏は対日賠償請求権を放棄したが、いじましく取り立てたのは元枢軸同盟国のイタリアと永世中立国のスイス。それとオランダの三カ国だ。分けてもオランダはユリアナ女王時代とベアトリクス女王時代に2回、賠償金を取った。

今また支那人がオランダ人神父を殺した正定事件を日本軍がやったことにしてカネをたかろうとしている。風車とチューリップの国の根性はとても暗い。

トランプに震え上がる中朝の独裁者

金正恩が突如北京に行った。その少し前に永世独裁者に就任した習近平はとても嬉しそうだった。

金正恩が相対で語る習の言葉を必死にメモる映像があった。北では金正恩が語る言葉を側近が懸命にメモる。それが忠誠の形で叔父の張成沢《チャンソンテク》はそれをしなかった。ために対空機関砲で粉々にされた。

あれは金正恩の支那への絶対服従のポーズだった。習もそれを受け、3メートルもある景徳鎮の花瓶と辰砂《しんしゃ》や白磁の器、茅台酒など総額40万ドルの手土産を持たせた。かつての朝貢外交をそのままに再現した。

因みに昔、李氏朝鮮が持っていった朝貢の品はすごく貧相だった。それで支那は「朝貢が鮮《すく》ない」から「朝鮮」を国名にさせたという説がある。

それにしても張成沢を処刑し、金正男《キムジョンナム》を暗殺し、北京にも核をぶち込むと凄んだ金正恩がなぜ頭を下げる気になったのか。

理由の一つはこの電撃訪問の直前にあった強硬派ボルトンの大統領補佐官就任で、もう一つが同じ時期に米通信衛星のＧＰＳ機能が突如止まったことだ。

機能停止はごく短時間だったが、米国はシリア攻撃だとかこのごろの戦争の直前には必ずＧＰＳを止めている。それで金正恩は震え上がったというのだ。

一方、習近平はどうか。せっかく永世独裁者になったもののトランプの出方が彼の想定を超えていた。トランプは行き当たりばったり風に見えるが、就任のときの公約通り知財泥棒の支那に5兆円の高関税をかけてきた。

おまけに「一つの支那なんて聞いたことがない」と就任間もなく発言した。朝日新聞が「いやトランプは心の中で支那は一つと言っている」とかやったが、ここにきて米・台の閣僚級交流もＯＫ、潜水艦技術も提供しようと言い出した。

ハンティントンは著作『文明の衝突』の中で欧米と支那の対立が尖鋭化していくとき、日本はどっちつかずの対応を続けた結果、最後は支那につく。勢いづく支那は台湾を攻め落とす。米国はそこまでは譲歩するが、次にベトナムを取ろうとして第3次世界大戦が始まると想定している。この近未来の大戦で、日本は再び焼け野原になる。

しかし現実には日本の支那アレルギーは極限に近い。加えて米国も支那の台湾侵攻を認めないことを今度のアクションで示した。ハンティントンの読みは日本についても完全に間違っている。

すでに孤立する支那。そういう寂しいとき、金正恩が来てくれた。永世独裁者はとても嬉しかったのだろう。

知の巨人・渡部昇一先生が自殺しなかった理由

亡くなられた知の巨人、渡部昇一先生の追悼ミサが、かつて教鞭をとった上智大構内の聖イグナチオ教会で執り行われた。

キリスト教会はおよそすべて東向きに建てられる。音響効果もよく工夫されている。祭壇の上にピンを落としても最後列までその音が伝わる。だから聖歌隊が賛美歌を歌えば、その美しい音色に四方から包まれ、圧倒され、まるで七層の雲の上にいるようにさえ思う、といわれる。

ところがイグナチオ教会はやや違う。祭壇を中心に半円形に椅子が並び、こちらの席からはほとんど南に祭壇が位置していた。

それに音響が今いちというか。たとえ祭壇に金槌が落ちてもその音はここには達しない。2

階の壁面をめぐらすパイプオルガンも荘重さにはやや距離があった。ためにせっかくの石原慎太郎の弔辞はその一言も聞き取れなかった。カソリック系はよほど耳がいいヒトでないと務まらないことを初めて知った。

周囲の人も同じ思いなのだろう。とめどないざわめきの中でそれぞれがそれぞれに故人との思いを手繰っているように見えた。

こちらの思い出は四半世紀前に遡る。まだ新聞記者だったころ、この教会からさほど遠くない文化放送の竹村健一氏の番組で渡部先生と佐々淳行さんとお会いした。三人とも昭和5年生まれ。昭和の最初の午年《うま》ということで日下公人さんらと「初午会」を結成されていた。

こちらも午年。下足番でもと入会を頼んだが、12年早いと追い出された。その折、先生とお話しし、心から頷《うなず》いたのが「朝日新聞は悪い」だった。

追悼の書『知の湧水《ゆうすい》』にもある。週刊誌に血友病についての随筆を書いた。この病は母親の二つあるX染色体の一つに因子があり、そちらのXを貰った男児だけが発症する。いわゆる劣性遺伝だ。そんなことは中学の理科で習う。

大西巨人家の場合、長男が発症した。だから次男は確率50%で発症する。月の医療費が150万円もかかることを考えれば親は生まない選択もあると書いた。

問題になったがん治療薬オプジーボ（年間で１８００万円）のさらに10倍かかる。もともと大西家は生活保護世帯だ。世間様のことを考えれば分かる話だが、朝日新聞は分からなかった。その件で話を聞きたいと社会部の原賀肇が渡部昇一先生の自宅に押し掛けてきた。

夫人は一目見て「不気味な人」と繰り返しいった。先生は「いや、新聞記者が取材に来ただけだから」と説明した。

しかし夫人の勘は当たった。翌日の朝日の社会面に「劣悪遺伝子の子、生むな」（渡部昇一）「まるでヒトラー」（大西巨人）の大見出しで〝対談〟が創られていた。渡部昇一は架空の対談の場でヒトラーと同じ、弱者の殺戮を主張する非人間に仕立てられていた。

どんな嘘でも新聞が書いたら真実に見える。この架空対談の少し前には同志社大の先生が女子学生に催眠術をかけて暴行したと朝日が書き立て、教授は自殺した。

この架空対談も同じ。原賀が焚きつけた障碍者グループとそのシンパと称する左翼集団が授業中の教室にも押し掛け暴行した。

「私が自殺しなかったのはいい先輩がいたから」と渡部先生は書いている。言い換えればいい先輩の支えがなかったなら、知の巨人は朝日新聞の「不気味な記者」に殺されていたところだった。

朝日の記者は人を死に追いやる快感は忘れ難いのか。１９９５年、高速増殖炉「もんじゅ」でナトリウム漏れがあったときも同じ。ナトリウムと聞いたら実験室で水の中を狂ったように走り回るイメージしかない馬鹿な朝日新聞記者が危ないじゃないかと騒いだ。

映像はあるのか。ありますよ。お前、隠していたな。それを紙面で糾弾し、２カ月糾弾して責任者を飛び降り自殺させた。

「もんじゅ」では２０１０年に格納容器内で重さ3トンの装置が落下する事故があった。再び朝日の担当記者は小躍りし、担当者を紙面でネチネチ小突き回し、自殺に追い込んだ。

『中国の旅』という、どの1行も真実のない連載をした本多勝一。慰安婦強制連行の嘘を書き膨らました清田治史、女衒《ぜげん》に売られた金学順を日本軍が売ったと嘘を書いた植村隆。死んで詫びて当然の朝日新聞の人たちはなぜかみな恥じることなく長生きしている。

そこまで回顧したら、祭壇に献花する順番が回って来た。キリスト教だけど和風に合掌した。

北朝鮮はいつ壊滅してもおかしくない

戦前、面倒見てやった朝鮮は戦後、感謝も忘れ、すぐさま狼藉三昧《ろうぜきざんまい》にはしった。国内にあっては駅前一等地を侵奪し、名誉ある軍艦マーチをパチンコ屋の歌にした。

海に李承晩ラインを引き、日本人漁船員44人を殺した。北朝鮮は何十人もの日本人を拉致した。

こんなに多くの人命を奪われながら日本は平和憲法ゆえに何もできなかった。そして今、北朝鮮は日本を火の海にすると脅す。

そんな悪ずれを米国がやっと叩く気になったやに見えたが、日本海に集まった米原子力空母も1隻去り、2隻去り。マティス米国防長官も「想像を超える悲劇的結果になる」と北叩き中止を示唆した。

朝日新聞は軍事衝突はないと日本人の期待を嘲笑った。

どうしてトランプは絶対やる気だ。やらなかったらそれこそオバマ以下になるからだ。

どうやるか。手法は米国の歴史にある。アラモや真珠湾のようにまず敵に米国人を殺させる。

しかし北朝鮮にはその能力も勇気もない。

考えられるのはメイン号方式だ。スペイン領キューバの港で米戦艦メインが爆発し260人が死ぬ。米側の仕掛けだが、米紙がスペインの陰謀だと煽って開戦に持ち込んだ。

これを今の朝鮮に当てはめると、まず出所不明のミサイルがソウルに撃ち込まれ、甚大な被害が出る。北は否定するが、米国は在韓米市民を総引き揚げし、それから開戦する。

雑誌『正論』平成29年6月号の香田論文にあるように幕開けは日本海に展開する米艦からのミサイル攻撃になる。岩盤下の要塞には地下貫通型の核兵器B61が使われるだろう。アフガンで使った8トン爆弾モアブも投入し、軍事拠点も核施設もやってしまう。

金正恩の斬首作戦もやる。「いや死体を確認できないと」風な発言がある。彼は日本にも忠実な工作員をすでに忍ばせていて、一朝ことあるときは必ず報復の破壊工作をやらせるというのだ。

しかし実の兄も側近も市民も殺しまくる金正恩にビン・ラディンのようなカリスマ性はない。彼が死ねば国民も工作員も恐怖政治の終わりを泣いて喜ぶ。

それでも開戦時には何カ所か生き残るミサイル基地もある。だからソウルは火の海になる。マティスがいう甚大な被害が出るが、北の核の脅威を取り除くのが目的だし、もともとは同じ民族の内戦だから、そこは米国は割り切っている。

問題は110万の北朝鮮地上兵力だ。その排除には地上部隊が必要だが、米部隊は出ないで韓国軍が投入される。それで不足の場合、トランプは支那の人民解放軍を考えている。

習近平の支那はトランプには開拓時代のチェロキー族に見えている。いずれ潰す部族だが、今は手なずけて北朝鮮クリーク族をやっつけるようにおだてている。

そのために本音だった「一つの中国など糞くらえ」を取り消したり、為替操作国の指定をやめたり。ＡＩＩＢ（アジアインフラ投資銀行）に参加してもいい風な気配さえ見せている。

それもこれも北朝鮮に地上部隊を出させるためだ。

幸いというか習近平にとって必要な軍は海軍と空軍とサイバー部隊だ。陸軍はクーデターの危険こそあれ、多くは無駄飯食いだ。早目に整理したいと習は考えている。

毛沢東も数十万の元国民政府軍将兵を抱えていた。この処理のために毛は朝鮮戦争に介入し、世に言う人海戦術を展開させた。丸裸の将兵は米軍に好きに撃ち殺され、逃げ出す者は後方に展開する督戦隊に射殺された。

習近平はここで毛を真似、人民解放軍を北朝鮮に出すだろう。金正恩を処分した後は金正男の忘れ形見が米国を後見人に金王朝を引き継ぐ。

で、習近平はどうなるか。トランプは支那をチェロキーに見立てた。本物のチェロキーは、故郷を追われ、移住を強いられ、全滅させられる。習近平も同じ運命が待つのだろう。

新聞のから騒ぎで漂流した原子力船「むつ」

70年安保が終わって間もないころ原子力船「むつ」が誕生した。

船体は石川島播磨が、そして３万６０００キロワットを生む加圧水型軽水炉は三菱が作った初の国産原子力船は米のサバンナ号、独のオットー・ハーン号などに並ぶ優れものだと日本人は胸を張った。

ところが試験航海に出てすぐ格納容器遮蔽体の隙間から中性子漏れのあることが分かった。気紛れでどこにでも飛んでいく中性子の制御は駆け出しの日本がまだマスターしきれていなかった。

漏れは軽微で、だから中性子を遮蔽する物質でそこをカバーすればいい。で、こういうときに水と並んで有効なホウ酸を使うことにした。ホウ酸でご飯を炊き、そのご飯を糊状にして塗り付けた。

おばあちゃんの知恵みたいな対応だが、これで漏れはやんだ。あとは母港に帰って遮蔽体を改良し、本航海を目指すはずだった。

ところが馬鹿な新聞は「放射能漏れ」と大騒ぎし、「ご飯粒で漏れ穴をふさいだ」とひたすら原子力船のいい加減さを強調した。

朝日新聞は母港むつ市の市民を焚きつけて養殖のホタテ貝が汚染すると煽り、結局「むつ」は出港して以来16年、漂流する羽目になった。原因はたった一つ。ホウ酸の意味を記者が知らなかったためだ。

日本の科学の進歩を阻害した新聞記者は少しは学習したかというとどうもそうでもないみたいだ。

2017年6月、大洗原研でプルトニウムの被曝事故があった。さあ大変。「作業員は広島原爆で浴びた危険域の10倍以上」「肺に入ったプルトニウムは取り除けない」（いずれも朝日新聞）と作業員はみな死にそうみたいな記事を連日流し、核アレルギーを亢進《こうしん》させ続けた。

挙句、どうもほとんどデマでしたで鳴りをひそめてしまった。こういうのを故意のから騒ぎという。新聞記者は元々がバカなのだから、せめて学習することを望みたい。

オウム事件の闇ではなく教訓を語れ

オウムの麻原彰晃とその一党の幹部6人が2018（平成30）年7月6日に処刑された。残り6人は20日後の7月26日に死刑執行された。

怖いよ怖いよ、うなされるよと死刑執行の署名を逃げて回った江田五月、仙谷由人に比べ、毅然《きぜん》と職務を全うする上川陽子法相には改めて頭が下がる。

執行された麻原らは宗教をかたり、無差別テロを仕掛け、気に食わなければ赤ん坊まで殺した。それを今やっと自らの命で償った。

一応の段落がついたのに、こういうときに利いた風な口をききたがる者が多い。例えば朝日新聞の社説は「根源の疑問解けぬまま」ときた。「国は研究班をつくり記録を取り分析しろと訴えてきたのに」と早すぎる処刑を非難した。

有田芳生《ありたよしふ》も「後世の検証に耐えうる精神鑑定をすべきだ」とか。

しかし「ショッショッショッショウコウ」なんて歌って踊って国会議員になれると思っていた男だ。テロがばれて捕まって、でもポア（殺害）は部下が勝手にやりましたと言い逃れる。それがだめなら心身耗弱《しんしんこうじゃく》のふりして死刑は免れようとした。そんな男の性根に闇などない。向こうまで透けて見えているだろうが。

「高学歴の医者や科学者がなぜそんな男に従ったか」が解せないという。それもすっきり見える。

オウムに似た反社会的な新興宗教に米国の「人民寺院」がある。信徒はまともな人生を捨て、教団にカネを貢ぎ、家族が「わが子を返して」と騒いで社会問題化したのもよく似ている。

最後は南米ガイアナに逃げ、ライフルをぶっ放して人を殺しまくり、最後は教祖以下９００人が青酸をあおって集団自殺を遂げた。

オウムも信徒数は同じくらい。ただ人民寺院と違って信徒は均質日本社会の人たちだ。同じ数の日本人を無作為抽出すれば同じだけの学卒者がいて医者も技術者もいる。その気になればサリン合成もできるしパソコンも作れる。ロシア製ヘリの操縦だってやれる。人民寺院どころか人民解放軍も超える。オウムは良くも悪くも日本人の組織だった。

取り立てるほどの闇もない。それでも朝日は映像作家の森某に「事件の教訓、得られぬまま」とか利いた風に語らせる。

それは嘘だ。教訓は山ほどあった。ＴＢＳがオウムに「坂本弁護士がこんな風に教団を非難していますよ」と知らせた。よく知らせてくれた。早速やっちまおうと坂本夫婦と１歳の赤ちゃんまで殺した。現場にはオウムのバッジも残されていた。

警察はすぐにオウムに目を付けたが上祐《じょうゆう》が出てきて「信教の自由を侵す気か」と捜査を阻んだ。マッカーサーが押し付けた馬鹿な憲法の壁はそれほど厚かった。

その壁を超えるまでに28人が殺された。壁の向こうには「信教の自由も個人の自由も公序良俗の範囲内」という日本人が持つごく当たり前の常識があった。

事件後、信教の自由は無敵ではなくなった。京都で神のみ名において小学生を含む７人の日本女性信者を繰り返し犯していた聖神中央教会の教祖パウロ永田こと在日の金保が逮捕された。統一原理の霊感商法も摘発された。信教の手放しの自由はなくなった。

教訓はまだある。オウムへの破防法適用は小学生だって当然と思う。ところが有識者が集まったという公安審査委がノーを出した。

記者OBとか教授とか元判事とか。有識者と言われる連中がいかに屑かがそれで分かった。現に朝日新聞自身、「有識者とは無知な者」という教訓を得た。

教訓はすぐに生かされた。北朝鮮の工作員と松井やよりが創った「女性戦犯法廷」をNHKが流そうとしたら尺を短くされた。朝日の本田雅和がそれを「安倍晋三が圧力をかけたから」と嘘を書いた。

ばれて廃刊の危機になったとき教訓がよぎった。朝日は長谷部恭男、共同通信の原某、伊藤忠の丹羽宇一郎らをかき集めて有識者に仕立て、彼らによる第三者委員会を立ち上げ、本田雅和は無罪、朝日も廃刊に及ばず。謝罪も訂正は不要と語らせて世間を欺いた。

日本人を貶《おとし》め、日本の歴史を汚してきた慰安婦強制連行の嘘がバレたときも、橋下徹の出自を中傷するという非道をやったときも朝日は長谷部ら〝有識者〟を使い回して逃げ切ってしまった。

オウムを語るだけで議員になれた有田芳生は麻原彰晃サマサマだが、朝日もまた第三者委員会という知恵をいただき、麻原に足を向けて寝られない。そんな恩義があるからこそあんな薄っぺらな男にも「深い闇が」とか書くわけだ。

朝日の言うことを聞いていたら日本は終わる

70年安保前夜、全共闘が本郷では安田講堂を占拠し、お茶の水では神田をカルチェラタンにとか騒いでいたとき、社会部デスクから「根室に行け」と出張取材を命ぜられた。

日本中が平和でも根室の漁船員は毎日が戦時下にあった。出漁すればソ連艦艇が待ち構え、銃撃もされた。新造船と見るとロシア人は執拗に追いかけてきて拿捕し、船はソ連国内で売り捌《さば》き、漁船員は最低4年間ラーゲリにぶち込まれて強制労働をさせられた。

4年前に捕まった漁船員がやっと日本に帰ってくる。「根室の船員の留守家族の話を取材してこい」ということだった。

留守宅の一軒を訪ねると戻ってくる漁船員の妻と4歳の娘と老いた父がいた。妻はアルバムを開き娘に「これがお父さんよ」と指さした。拿捕されたとき、母のお腹にいた娘はまだ見ぬ父の顔を一生懸命に目に焼き付けていた。

傍らで老いた父がぽつり言った。「昔、オホーツクに行って息子と同じにソ連船に襲われた」「もうダメかと思ったとき、連中の船が反転して離れていった」

なぜなら「前方に艦影が見え、それがどんどん大きくなってくる。旭日旗《きょくじつき》を付けた駆逐艦だった」。ソ連船はそれを見て反転、逃げ出したのだ。

「すれ違ったとき舷側に若い水兵さんがいた。思わず敬礼した。涙が出てきた」「国が守ってくれた。いい時代だった」

母子は帰還船の着く函館にいき、こちらは東京に戻った。学生はまだ安保反対を叫んでいた。戦争反対とか。日本海側では韓国が李承晩ラインを引いて竹島を占領し、漁船の拿捕が続き、44人が殺され、4000人が捕まっていた。

そんなことは学生も新聞も関心がない。他の日本人はどうでもいい、自分の周りが平和ならいい。

それから半世紀。米朝会談があった。金正恩とトランプが握手した。もう和平ムードだと朝日新聞はいい、社説で「北朝鮮の脅威を理由に防衛力強化を推し進めるつもりなのか」と問う。「イージス・アショアは必要なのか」と。

70年安保の学生と同じ口ぶりだ。現実はもっとシリアスだ。米国は半島の非核化に従うという口実で在韓米軍とその家族など20万人を引き揚げる。同じ口実で米韓軍事同盟も打ち切る。

それで金正恩にCVID（完全にして検証可能で不可逆的な非核化）を迫る。約束を守らないならためらいなく斬首作戦を実行する。もはや在韓米軍という人質はいない。米韓軍事同盟も消えたから「ソウルを火の海にする」という北からの脅しも米国には痛痒でもない。

やけになった金正恩はどこをやるか。日本をやる。だからイージス・アショアがそのときに役立つ。オホーツクを監視する駆逐艦と同じ役割だ。

しかしトランプの標的は北だけでなく支那も含む。この国は世界貿易機関（ＷＴＯ）の約束も守らない、他国の知財を盗み、今は高利貸の素性を出して他国の領土を借金のかたで奪う。さらには国際ルールを無視して南沙諸島も占領した。支那は世界秩序の破壊者でしかない。

トランプはそれをくじくため３０１条を発動した。25％の関税もかける。

支那経済は破綻に向かう。国が潰れる土壇場で習近平がそれを乗り切る最も手ごろで効果的な手段は何か考える。日本を飲み込めばいい。支那は尖閣どころか日本の富と技術と国土を支配する気満々なのだ。

イージス・アショアも防衛力強化ももはや北朝鮮が対象ではない。日本弧の支配を目論む断末魔の中共を睨んでいる。朝日新聞の言うことなんか聞いていたら、明日は支那人の奴隷にされている。

「隠れキリシタン」はなぜ「潜伏キリシタン」になったか

百済が新羅に滅ぼされた。何とかしてくれと朝鮮人が頼みに来た。しょうがない。新羅に反省させようと出かけていったら唐の大軍が待っていた。日本は大敗した。

世に言う白村江《はくすきのえ》の戦いだが、それがハクソンコウとか歯垢みたいに今はいうらしい。もっと酷いのはペクソンガンとか、もはや日本語でもなくなっている。

おかしいだろう。中大兄皇子の時代からはくすきのえと言い、江戸の寺子屋でもそう教えたのを一体誰に遠慮してヘンな読み方に変えたのか。

そしたら今度は「隠れキリシタン」がおかしくなった。世界遺産に登録した途端に「潜伏キリシタン」が正しい言い方になったと新聞にあった。

これもおかしい。だいたい潜伏というのは共産党の徳田球一とか犯罪人が逃げ潜むときに使う言葉だ。

いやいや潜伏が正しいんですよとまた馬鹿な朝日新聞が断りを付けていた。「潜伏」も「隠れ」も江戸時代の禁教下でひっそり信仰してきたが、その一部が幕末に建てられた大浦天主堂に名乗り出て、それ以降、教会に来るようになった。それが「潜伏」になる。犯罪者と同じで何の改心もしていない。昔のままのキリスト教徒だ。だから潜伏になる。

対して「隠れ」は「日本支配の尖兵」（平川新『戦国日本と大航海時代』）とされた初期の切支丹から大きく変質していった。偏狭なキリスト教から偏狭さを清め落として信仰を続けてきた。カソリック教会が戻ってきても見向きもしなかった。バチカンはだから彼らを許せぬ異端と見なした。

戻ってきた「潜伏キリシタン」はいいが戻らぬ「隠れ」は許さない。今のフランシスコ法王は昔の伴天連と同じくらいに心が狭い。

そういえば気に食わないトランプを「キリスト教徒じゃあない」とも言った。

そんな狭量な言い分にへつらい「潜伏」と書く新聞は豆腐の角に頭をぶっつけて死ぬがいい。

新聞は天皇陛下のお言葉を捏造していないか

仁徳天皇は高みに登られて国見《くにみ》をされたと『古事記』にある。

そして国原を見渡して驚かれた。夕餉《ゆうげ》のころというのに民のかまどから煙が立っていなかった。天皇はひどくお心を痛められて向こう3年の租税を免除された。

「天皇のお心」を宸襟《しんきん》ともいう。臣民はそれを煩わせないよう、心安かれと願ってきた。天皇もまた不満があってもそれを口にはされなかった。

仁徳天皇は租税免除で宮廷費が逼迫し、ために天井から雨漏りがしても、決してそれを口にされなかった。統《し》らす天皇とその赤子の思いが和して「うまし国ぞ秋津洲大和の国」は歴史を紡いできた。

ところが昨今、「宸襟をひどく悩まされている」「悩ませている事柄はかくかくだ」と日ごろ、皇室に敬語もロクに使わない左翼系の新聞が伝え出したのだ。

例えば2017年5月21日付けの毎日新聞は1面トップに「陛下、公務否定に衝撃」「有識者会議での『祈るだけでよい』『一代限り』に不満」の見出しを並べ、「陛下が有識者会議で批判されたことに強い不満を漏らされた」と報じた。

陛下は退位のお気持ちを語られた。それをどう形にするかで有識者会議が開かれた。退位のきっかけとなった「象徴天皇」の多忙な公務についても意見が出た。公務とは代々祭祀《さいし》を司り、民のために祈られることだという意見もあった。

毎日の記事では、「民のために祈られる天皇の形」を有識者が語ったことで、陛下は被災地を回られて親しく国民と語られるマッカーサー憲法に言う「象徴天皇の国見」を否定されたと受け止められた。とても「ショック」だったという風に書かれている。

陛下が本当にそう思われたのか。「ショックだった」と語ったのか。この記事には訝《いぶか》しい点が多々ある。スクープしたのが宮内庁担当記者ではなく、地方支局から応援にきた記者で、ネタ元の「宮内庁関係者」はそんな一見《いちげん》の記者に気安く話したという状況がまず信じがたい。

その関係者は首相官邸にも伝えたというが、宮内庁次長は「陛下がお考えを話された事実はない」と否定する。

毎日新聞といえば「百人斬り」を捏造し、その裁判で「新聞が事実を報道する義務はない」と言い放ったことで知られる。そんな環境で育った西山太吉は取材で得た情報を新聞に書かずに社会党に売っていた。

皇室に敬語も使わない新聞が天皇のお言葉を捏造して皇室解体を目論んだとも受け取れる。怪しむ人たちがこの報道の真偽を糺すべく告訴したが、検察は「記事が真実かどうかは陛下を直接聴取するしかない」という。

言い換えれば、陛下がこうおっしゃったと書いても、それを確認する手段が現実にはない。「記事は十分な取材に基づいている」という嘘で逃げられてしまう。

そんなうまい手があったかと尻馬に乗る真似屋がすぐにも出そうだと心配していたら、不安はそう待たずに的中した。

1989年、民主化を求めて天安門に集まった群衆に対し鄧小平は武力鎮圧を命じた。何万人もが殺され、国際世論は硬化し、支那は事実上の村八分状態に陥った。

しかし支那の字引に反省はない。日本にすり寄って「天皇の訪中」を実現させた。そういう政治に陛下を使おうという政治家がいて、天皇の支那訪問が実際に行われた。

銭其琛の言葉を待つまでもなく、支那は無反省のまま甦り、今では日本はおろか世界中に害毒を垂れ流している。

天皇を政治利用した日本外交の一大汚点だが、それについて朝日新聞（2017年10月30日）は「訪中、陛下『よかった』」の見出しで、天皇が「中国訪問はよかった」と「宮内庁関係者」に明かしたと報じた。しかし、よく読めば「よかったのだろうか」という問いの形で発言されている。あれは間違ってたのだろうか。少なくとも宸襟を大いに悩まされていたのは確かだ。

その意味で毎日新聞の書き方と同じ。記事はさらに日本政府は「昭和から引きずる歴史問題に区切りをつけたい」という自虐史観に立った謝罪外交だったという風に記者が書いている。区切りがついたならなぜ今も支那は感謝もせずに歴史戦を挑んでくるのか。説明にもなっていない。

支那はあのとき、アジアを裏切り白人国家について日本と戦った。そういう史実に目をつぶらせるには支那人も一部の意図ある日本人も天皇利用がベストと思ったのだろう。

ガセと訴えても直接聴取が壁のまま。お言葉の悪用を放置すれば陛下と民の心の乖離が宸襟をますます悩ませることになる。

朝鮮通信使は今に続くゆすり、たかりの象徴

近代の日本と朝鮮の関係は倭寇から始まった。襲ってきた日本の若武者の戦いぶりを朝鮮人は「バートル（勇者）と呼んだ」と古田博司筑波大教授がどこかに書いていた。

バートルはモンゴル語で、そのころ朝鮮人はモンゴルの支配を受け、言葉も名前もモンゴル風だった。

その後、満洲人の李成桂が李氏朝鮮を建てて4代目のころ、生意気な日本をやっつけようと船100艘で対馬を襲撃して大勝したという。しかし勝ち戦の証となる日本人捕虜はゼロ。日本でいう「応永の外寇」だが、資料では逆に彼らをやっつけ、捕虜も帰してやったとある。あの頃から朝鮮は歴史戦をやっていた。

その後、世宗の時代に3度、日本に使節を送り、鍍金や灌漑技術などを学んでいった。世に言う朝鮮通信使のこれが原型になる。

秀吉の朝鮮征伐でそれが途絶えたが、江戸時代に入ると朝鮮から徳川家の新将軍就任のたびにお祝いに来たいと言ってきた。

それがまるで新しい大陸の文化を運んできた風に語られているが、大間違いだ。だいたい朝鮮征伐のときだって日本側は20万の兵員が海を越えていった。対して明は５万も動員できなかった。戦う武器だって日本側の刀は青龍刀も明の兵士の兜ごとぶった斬った。「恐れをなして逃げる明の兵は途中、そこらの朝鮮人の首を切ってこれが日本軍の兵士の首と申告して恩賞に与《あずか》った」という記録が残る。

だから江戸期に来た朝鮮通信使から日本が学ぶものは何もなかった。にもかかわらず彼らは毎回４００人もの大所帯でやってきた。広島の鞆の浦に上陸したあとは陸路で江戸まで上がるのだが、彼らはひたすら物見遊山に徹していた。

元禄のころに来た彼らの記録には「大坂は（藁葺きの粗末な家並みとどぶの悪臭に満ちた）京城と比べて千倍も大きく清潔で美しい。それが悔しい」とある。

その大坂での接待の席で彼らは必ず朝鮮征伐をやった秀吉を罵ったと日本側の記録もある。彼らの千年の恨み根性はそんなところにも出ていた。

京大が保存する「淀城着来図」には朝鮮通信使の一行が民家から鶏を盗む情景が描かれている。それが示すように貧しい国からきた一行は宿の食器から置物、布団まで何でも盗んでいった。ために1回の通信使接待費は窃盗被害を含めて１００万両に達した。

そのくせ彼らは京城に日本人使節を招くことは一度もなかった。見せられたものじゃなかったし接待内容もちぢみとか、キムチしかなかった。

新井白石は益するところがなにもない通信使の廃止を献策し、家斉が将軍職に就いたときは何も彼らを江戸に来させることもない。対馬で通信使を迎える易地聘礼《えきちへいれい》にすればいいじゃないかとなった。

現金な連中で、それ以降、彼らは二度とやってこなくなった。

西岡力教授が『ゆすり、たかりの国家・北朝鮮韓国』（ワック）を上梓したが、朝鮮通信使はまさにそのゆすり、たかりの象徴と言える。

世界の記憶遺産の審査が先日、あった。驚いたことに、この「朝鮮通信使の記録」が記憶遺産登録された。それも日韓合同で提案していたとか。

朝鮮側は過去の恥ずかしいたかりの記録をよく出す気になったと感心したが、朝日新聞の社説によると、あれは日本と半島の深い文化交流の証で、その心は「今の外交や交流にも通用する」という。確かに通信使の行状をせめて精査すれば彼らとどう付き合うか、すごくいい教訓を含んでいる。

米中首脳会談のメインテーマはヤクと万引き

阿片は例えばタリバンが出る前のアフガニスタンでは医薬品として扱われていた。

頭痛のとき生阿片を少量、指先にとって耳の裏に摺り込むとホントに嘘みたいに痛みが消えた。

その薬効に目を付けた独・バイエル社が阿片を精製して苦しい咳を鎮め苦痛も除去する鎮咳剤を発売した。商品名は「ヘロイン」だった。やがてそれを別な使い方をする人が増え、ついには国際条約でその製造も販売も禁止された。

そうなると悪い連中が出てくる。アフガンからイランにかけての黄金の三日月地帯産の阿片は欧州に流れ、ヘロインに精製された。やや褐色の製品は産地に因んでペルシャン・タンと呼ばれた。

一方、インドシナ半島の奥、黄金の三角地帯産のケシは支那に運ばれてヘロインに精製された。

支那人は何でも模倣する。創造力はゼロに近いが、こと悪事では滅法、頭が働く。

青幇《チンパン》のボス杜月笙《とげつしょう》は複雑なヘロイン精製工程を画期的な簡略手順で精製するのに成功した。世に「№4」と呼ばれた。

支那人の悪知恵はそこにとどまらなかった。彼らはヘロインの50倍も強い合成ヘロイン（アセチル・フェンタニル）を創り出した。ペルシャン・タンに対してチャイナ・ホワイトと呼ばれ、とくに米国の麻薬市場で販路を拡大していった。

その「50倍の威力」は凄まじい。映画『スタンド・バイ・ミー』のリバー・フェニックスがそれで死に、今も支那から航空便で密輸入されるチャイナ・ホワイトによって「年間4万6000人が死んでいる」とニューヨーク・タイムズが伝えた。

ベトナム戦争では5年間で5万人が死んだ。支那産の合成ヘロインはその5倍の破壊力を持つ。驚くべき数字だ。

で、トランプは今回の習近平との会談では北朝鮮問題、為替操作問題などより優先して「チャイナ・ホワイトの米国への輸出禁止を強く要請する」（同）という。

首脳会談のあとの記者会見では質疑が一切封じられたから、トランプが習近平を麻薬密売屋と非難したかどうかは分かっていない。

ホワイトハウスもそのやり取りを明かしていないが、ワシントンポストの電子版がトランプは首脳会談の中で万引きして支那官憲に逮捕されたＵＣＬＡのバスケットボール選手３人の「迅速な解放を要請し、習近平も公正で迅速な措置を約束した」と報じた。

世界が見守った会談のテーマはヤクと万引きの話だったんだ。

安倍首相のやることは奥が深い

安倍政権はときどきわけの分からないことをやる。

朝日新聞が吉田清治の話は嘘でしたとやっと認めたのは2014年の8月だった。

吉田清治は済州島で朝鮮人女200人を拉致して、女子挺身隊の名で日本軍将兵の性奴隷にしたといった。

朝日はその嘘を30年間も流し続けただけでなく「釜山でも拉致した」（松井やより）「ソウルでもやった」（植村隆）とスピンオフ作品まで並べて騒いできた。

それがみんな嘘でしたと木村伊量が認めた。なぜ朝日新聞が廃刊にならなかったか不思議だが、ともかく日本人はこれで姦《やかま》しい韓国人も黙らせられる、縁が切れると思った。

そんな矢先、岸田外相がソウルで慰安婦合意文書にサインしたと聞かされた。

中身が酷かった。日本側は「軍の関与のもと多数の女性の尊厳を傷つけた」と認め、首相の「心からのお詫び」もつけていた。

軍の関与などないし、性奴隷でもない。彼らはただの売春婦だ。朝日新聞にその嘘を認めさせるのにあれだけ苦労してきたのにこともあろうに政府があっさりそれをひっくり返した。おまけに首相が頭まで下げた。

産経新聞の久保田るり子は「韓国側は満額回答で大喜び」で、外相の尹炳世《ユンビョンセ》も「最終的かつ不可逆的に慰安婦問題は解決された」と雀躍の体だと伝えた。

朝日新聞も社説で「両外相もメディアを通じて両国民に固く誓った」と韓国人以上に感激した。

対してまともな日本人は硬化した。保守論壇は「まるで悪夢」といい、「亡国の大罪」と非難した。「安倍は国家百年の大計を誤った」という声も聞かれた。

小欄も思いは同じだった。歴史を見るがいい。あの国に譲歩したところで何の意味がある。福翁に倣い国交を謝絶した方がよほどよかったと思ったものだ。

しかし今、あの不可逆的とした合意が実は韓国を見事に縛り上げていたことに気付かされる。

韓国がその縛《いまし》めに抗えば抗うほど己の不条理を国際社会に曝《さら》し、お人好しの日本人にも鬱陶《うっとう》しい隣人の本性がどんなものだか、十分理解させた。

改めて日韓合意という「政治」に秘めた仕掛けの見事さに感心させられた。

それをやった同じ政権が今度は入管法改正をごり押しした。

人手が足りない。だからといって安直に安い外国人労働者に走っていいのか。80年代の高度経済成長期。人手不足は機械化と合理化でしのぎ、賃金を上げた。「カイゼン」が世界語にもなったじゃないか。

竹中平蔵の指嗾《しそう》だろうとか悲願の憲法改正に行き着けないとか。反発する中に朝日新聞もいた。お前の好きな支那朝鮮人がどやどややってこられるというのに何で反対するのか。

朝日が気にしていたのがこれから決める施行細則だ。政府答弁から推測するとどうも支那朝鮮人には具合悪いように思えるらしい。

例えば社会保障費がどうも外国人労働者には「取られ損」になると心配する。

健保の規定も変わる。タレントのローラの父が還付金詐欺をやった。支那朝鮮人が故郷にいる親類まで呼び寄せ日本の健保で治療する。日本人は彼らのために高い保険料を払ってきた。

そういう矛盾がなくなる。

大阪で帰化支那人の親族48人が来日したその足で生活保護を申請してその場で通った。在日朝鮮人が役場を襲撃して勝ち取った「生保にただ乗り」に支那人が割り込んだ瞬間だった。それもダメになる。

何よりの大ごとが不法滞在者の国外退去の厳格化だ。外人が売春、麻薬、または懲役1年以上の罪を犯せば即国外退去になる。

ただ特別永住権を持つ在日は懲役7年以下まではお構いなし。どころか殺人など重罪犯も政治配慮とやらで退去もさせなかった。日本の街は韓国籍の前科者でいっぱいになっている。

それが今回の改正で一挙に追い返すことになるといわれる。

また新規労働者も過去、日本で多くの犯罪者を出した国は「制限する方向で法務省が検討している」と産経新聞にあった。支那人、韓国人には割り当てがないかもしれない。

法案審議で在日系議員がやたら反発したわけがそこにある。日本人を殺しまくってきた危ない外人はどんどん減る。この政権のやることは案外と奥が深い。

神話の時代が現代にまでつながった日本文明

日本は神話が生まれた世界とその世界で生活した人々がほとんど変わることなく現代までつながってきた稀有な国柄を持つ。

8世紀、太安万侶が『古事記』を著すと人々は登場する神々の社を所縁の地に建てた。伊邪《いざ》那岐《なぎ》伊邪那美《いざなみ》が国生みをした淡路の絵島には淤能碁呂《おのごろ》神社が建った。

二神の長女、天照大神を祀る神明神社は伊勢神宮内宮を本家に芝の大門を始め全国各地に建立され、高千穂には天岩戸に因んだ岩戸神社が建った。

「信州は大きな音で夜が明け」と川柳にある。手力男命《たぢからおのみこと》が引き剥がした天の岩戸は遥か長野市の北まで飛んで戸隠の山になった。

それで戸隠神社が建ったが、そんな風に日本人が総氏子になって多くの神社が建てられた。

ただ、それぞれの神社も決して恵まれた日々を送ったわけではなかった。

神々の血筋を引く聖武天皇が仏教に帰依し、信長は「七宗が八宗でもいいじゃないか（八百《やお》万《よろず》の神がおわすところに一柱増えても構わないの意）」とキリスト教まで神の国に引き入れた。

幸い家康は伴天連の本性を見破って追放したものの、ついでに外来の仏教の寺を戸籍担当に命じ人別帳を作らせた。見返りに葬式はお寺でのみやるようにした。

神社はこれで困った。神主はともかく、神主の家族すら神式の葬儀は営めず、南無阿弥陀仏を強いられた。徳川幕府は神社神道の暗黒の時代だったが、明治維新になってやっと神社に光が射した。

ただ国費は乏しく神社は多すぎた。全国で２１８社がなんとか官幣、国幣神社になれただけだった。

しかし先の大戦のあとマッカーサーが「神道ゆえに日本人は狂信的になった」とあらぬ誹謗《ひぼう》をし、憲法に「政教分離」を書き入れて神道も神社も徹底排除した。江戸時代よりひどい時代になった。

一方でこの愚かな独裁者は日本政府のカネで国際基督教大を建て、１０００万冊の聖書と２５００人の宣教師を呼び、布教させた。経費はすべて日本政府に出させた。

ただ信者はあまり増えなかった。その一人が大阪地裁判事の古崎慶長だった。80年代、箕面市の忠魂碑慰霊祭に市がカネを出したのは違憲と市民団体が訴えた。古崎はためらわず違憲と断じ、さらに慰霊祭を僧侶と神主が交代でやったことに触れて「日本人の宗教観はいい加減極まる」と批判までした。

その狭量ゆえにキリスト教徒は今もイスラムと喧嘩し、身内同士でも新教だ旧教だと殺し合ってきた。その反省もない。

この古崎判決が示すように政教分離は神道のみが排除対象だ。

だから長崎の二十六聖人を祀る公園が市の管理でも文句も出ない。高尾山有喜寺の節分会に都が協力した件での裁判も「神道でなければ構わない」ときた。

因みに神道についてバジル・ホール・チェンバレンは「宗教の名に値しない。教義もなければ経典もない。道徳規範もない」とひどい腐しようだった。

お前らの聖書は「殺すな」「盗むな」の戒律から始まる。それが悪いことだと教えないと分からないほど野蛮人なくせに。道徳が聞いて呆れる。

ただ彼が指摘する通り神道には経典も教義もないし折伏もしない。他の宗教と争う気もない。

それは日本の神話が描く日本人の人生観、哲学と見るべきだ。

伊邪那岐命は黄泉の国から戻ると禊《みそぎ》をする。それで不浄を流した。

神社のお祓いも同じ。人々に憑いた不浄や厄災を神主が祓い、それを風の神が運んで川の神に渡し、下流に運んで海の神に渡し、水底の神が海底深くに埋める。

日本の神は人のためにある。「我が名をみだりに口にするな（願い事をするな）」「お前らとは契約しただけだ」とかいうケチな根性のユダヤの神と出来が違う。

だからこそ秋篠宮さまが大嘗祭《だいじょうさい》について「宗教色が強い」と語られたことに大いなる違和感を覚える。神道を並の宗教と思われている。皇室は神話に繫がる長い歴史と民を繫ぐところにおわすのではなかったか。

ゴーンも角栄と同じように追及されるべきだ

外人が腹黒いことを身をもって教えたのは米国の初代公使ハリスだった。彼は涼しい顔で不平等条約を押し付けた上に大事な通貨レートも誤魔化した。

メキシコの1ドル銀貨と日本の1分銀が本来は公正な交換レートなのに、彼は口先三寸で1ドル銀貨を1分銀3枚とした。

それで米国は3分の1の価格で日本から50万両の小判を持ち出した。一説に南北戦争の折りの北軍の戦費は日本から騙し取った金ですべて賄えたという。

セオドア・ルーズベルトも日露講和で賠償金なしにしたうえ、厄介な朝鮮管理まで押し付けた。

外人はまず腹黒い。なのに経産省はグローバリズムがいい、国際化を促進しろとか馬鹿を言って企業に外人を入れろと命令する。

それで社長を外人にしたソニーは往年の面影を失い、オリンパスは英国人を社長にしたら内部告発されて潰されそうになった。

武田薬品も外人社長が9兆円の買収をして明日が心配される。

そして日産のゴーンだ。この男は2万人を解雇し5つの工場を売り払った。それだけ売れば幼稚園児が社長でも利益は出る。いや、それは私の経営手腕による黒字だとか言って会社から法外な給料とボーナスを取った。さらに家族の生活費も旅費も会社につけ、姉には毎年10万ドルの小遣いを日産から出させた。

パクられて当たり前なのに国際社会の評判は違う。同志社大教授コリン・ジョーンズは「日本には別件逮捕がある」とやり、仏紙は「家族も接見できない」「外人なのに畳部屋で寒がっている」と日本を前近代国家の如く描く。

日本では犯罪者に上下はない。ヤクザも知能犯も待遇は同じだ。

ただ朝日新聞は「世界が見ている。40日も勾留していいのか」「世界的な経営者をいきなり逮捕していいのか」と白人側につく。

日本は皮膚の色で差別はしない。そういう毅然さを忘れ、過去、あれだけ酷い目に遭った。ゴーンは腹黒い。メディアは角栄を陥れた立花隆になったつもりで地検特捜べったりで応援すべきだ。

髙山正之（たかやま　まさゆき）

1942年東京生まれ。1965年、東京都立大学法経学部法学科卒業後、産経新聞社入社。警視庁クラブ、夕刊フジ記者、産経新聞社会部次長を経て、1985年～1987年テヘラン支局長を務め、イラン革命やイラン・イラク戦争を取材。1992年～1996年ロサンゼルス支局長。1998年より 3年間、産経新聞夕刊にて時事コラム「髙山正之の異見自在」を執筆。2001年～2007年3月まで帝京大学教授。『週刊新潮』「変見自在」など名コラムニストとして知られる。著書に、『アジアの解放、本当は日本軍のお陰だった！』（ワック）、『変見自在　ヒットラーは生きている』『変見自在　安倍晋三を葬ったのは誰か』（新潮社）、『アメリカと中国は偉そうに嘘をつく』『中国と韓国は息を吐くように嘘をつく』（徳間書店）など多数。

韓国とメディアは恥ずかしげもなく嘘をつく

第1刷　2025年1月31日

著者／髙山正之

発行人／小宮英行

発行所／株式会社 徳間書店　〒141-8202　東京都品川区上大崎3-1-1　目黒セントラルスクエア

電話／編集 03-5403-4344　　販売 049-293-5521

振替／00140-0-44392

カバー印刷／近代美術株式会社

印刷・製本／中央精版印刷株式会社

ISBN978-4-19-865958-5